Rund um Wien

Ein original *bikeline*-Radtourenbuch

Esterbauer

bikeline®-Radtourenbuch **Rund um Wien**
© 1999-2004, **Verlag Esterbauer GmbH**
A-3751 Rodingersdorf, Hauptstr. 31
Tel.: ++43/2983/28982-0, Fax: DW-500
Email: bikeline@esterbauer.com
www.esterbauer.com

3. überarbeitete Auflage 2004

ISBN 3-85000-010-9

Bitte geben Sie bei jeder Korrespondenz die Auflage und die ISBN an!

Bildnachweis: Gemeinde Judenau: 44; Tourismusverband Traisental-Donauland: 38; Roland Esterbauer: 56, 58; Mathias Thal: 96, 98, 100, 104, 105, 106, 108, 115 R; Archiv

Das bikeline-Team: Birgit Albrecht, Beatrix Bauer, Grischa Begass, Karin Brunner, Anita Daffert, Michaela Derferd, Roland Esterbauer, Jutta Gröschel, Dagmar Güldenpfennig, Carmen Hager, Karl Heinzl, Martina Kreindl, Veronika Loidolt, Michael Manuwarda, Mirijana Nakic, Nikolaus Nowak, Jutta Andrea Ott, Maria Pfaunz, Toni Pointner, Jenny Reisinger, Petra Riss, Tobias Sauer, Gaby Sipöcz, Matthias Thal.

Dank an alle, die uns bei der Erstellung dieses Buches tatkräftig unterstützt haben.

bikeline® ist eingetragenes Warenzeichen; Einband patentrechtlich geschützt.

Alle Angaben ohne Gewähr. Alle Rechte vorbehalten. Kein Teil dieses Buches darf in irgendeiner Form ohne schriftliche Genehmigung des Verlages reproduziert oder unter Verwendung elektronischer Systeme verarbeitet, vervielfältigt oder verbreitet werden.

Dieses Buch wird empfohlen von:

Was ist bikeline?

Wir sind ein junges Team von aktiven RadfahrerInnen, die 1987 begonnen haben, Radkarten und Radbücher zu produzieren. Heute tun wir dies als Verlag mit großem Erfolg. Mittlerweile gibt's bikeline© und cycline© Bücher in vier Sprachen und in vielen Ländern Europas.

Um unsere Bücher immer auf dem letzten Stand zu halten, brauchen wir auch Ihre Hilfe. Schreiben Sie uns, wenn Sie Fehler oder Änderungen entdeckt haben. Oder teilen Sie uns einfach die Erfahrungen und Eindrücke von Ihrer Radtour mit.

Wir freuen uns auf Ihren Brief,

Ihre bikeline-Redaktion

Vorwort

In diesem Radtourenbuch stellen wir Ihnen die schönsten Ausflugsmöglichkeiten rund um Wien vor. Die breite Palette der Radausflüge reicht von der Wachau bis Hainburg und vom Weinviertel bis zum Neusiedlersee. Reichhaltig sind auch die Tourenvorschläge für Mountainbiker. Von Klosterneuburg bis Bad Vöslau finden Sie die 9 schönsten Touren durch den Wienerwald. Ob gemütlicher Freizeit- und Genussradler, Radsportler oder Mountainbiker, für jeden Geschmack haben die Ausflüge etwas zu bieten.

Präzise Karten, genaue Routenbeschreibungen, zahlreiche Stadt- und Ortspläne, Hinweise auf das kulturelle und touristische Angebot der Region – in diesem Buch finden sie alles, was Sie zu Radtouren rund um Wien brauchen – außer gutem Radlwetter, das können wir Ihnen nur wünschen.

Kartenlegende (map legend)

Die Farbe bezeichnet die Art des Weges: (The following colour coding is used:)

- ▬▬▬ **Hauptroute** (main cycle route)
- ▬▬▬ **Radweg / autofreie Hauptroute** (cycle path / main cycle route without motor traffic)
- ▬▬▬ **Ausflug oder Variante** (excursion or alternative route)
- ▬▬▬ **Radweg in Planung** (planned cycle path)

Strichlierte Linien zeigen den Belag an: (The surface is indicated by broken lines:)

- ▬ ▬ ▬ **asphaltierte Strecke** (paved road)
- ▬ ▬ ▬ **nicht asphaltierte Strecke** (unpaved road)

Punktierte Linien weisen auf KFZ-Verkehr hin: (Routes with vehicular traffic are indicated by dotted lines:)

- • • • **Radroute auf mäßig befahrener Straße** (cycle route with moderate motor traffic)
- • • • **Radroute auf stark befahrener Straße** (cycle route with heavy motor traffic)
- • • • **Radfahrstreifen** (cycle lane)
- ▬▬▬ **stark befahrene Straße** (road with heavy motor traffic)

- ➤➤ **starke Steigung** (steep gradient, uphill)
- ➤ **leichte bis mittlere Steigung** (light gradient)
- ⊢3⊣ **Entfernung in Kilometern** (distance in km)
- ➡ **Routenverlauf** (cycle route direction)

Schönern **sehenswertes Ortsbild** (picturesque town)
( ) **Einrichtung im Ort vorhanden** (facilities available)
🛏 **Hotel, Pension; Jugendherberge** (hotel, guesthouse; youth hostel)
⛺ **Campingplatz; Naturlagerplatz** (camping site; simple tent site)
ℹ **Tourist-Information; Einkaufsmöglichkeit** (tourist information; shopping facilities)
🍽 **Gasthaus; Rastplatz** (restaurant; resting place)
🏊 **Freibad; Hallenbad** (outdoor swimming pool; indoor swimming pool)
sehenswerte Gebäude (buildings of interest)
Mühle **andere Sehenswürdigkeit** (other place of interest)
🏛 **Museum; Theater; Ausgrabungen** (museum; theatre; excavation)
🌳 **Tierpark; Naturpark** (zoo; nature reserve)
👁 **Aussichtspunkt** (panoramic view)
🅿 **Parkplatz; Parkhaus** (parking lot; garage)
⛴ **Schiffsanleger, Fähre** (boat landing; ferry)
🔧 **Werkstatt; Fahrradvermietung** (bike workshop; bike rental)
🚲 **überdachter ~; abschließbarer Abstellplatz** (covered ~; lockable bike stands)

⛪ **Kirche; Kapelle; Kloster** (church; chapel; monastery)
🏰 **Schloss, Burg; Ruine** (castle; ruins)
🗼 **Turm; Funkanlage** (tower; TV/radio tower)
⚡ **Kraftwerk; Umspannwerk** (power station; transformer)
Windmühle; Windkraftanlage (windmill; windturbine)
✝ **Wegkreuz; Gipfel** (wayside cross; peak)
⚒ **Bergwerk** (mine)
Denkmal (monument)
Sportplatz (sports field)
✈ **Flughafen** (airport, airfield)
Quelle; Kläranlage

⚠ ⚠ **Gefahrenstelle; Text beachten** (dangerous section; read text carefully)
Treppen; Engstelle (stairs; narrow pass, bottleneck)
✕ ✕ ✕ **Rad fahren verboten** (road closed to cyclists)

In Ortsplänen: (in city maps:)
✉ **Post; Apotheke** (post office; pharmacy)
F H **Feuerwehr; Krankenhaus** (fire-brigade; hospital)

Inhalt

- 3 Vorwort
- 4 Kartenlegende
- 7 Zu diesem Buch
- 10 Tour 1 Am Donauradweg
- 24 Tour 2 Durch die Wachau
- 30 Tour 3 Ins Herz des Kamptals
- 36 Tour 4 Traisental-Radweg
- 42 Tour 5 Schubert-Radweg
- 46 Tour 6 Grosse-Tulln-Weg
- 50 Tour 7 Zum Heldenberg
- 54 Tour 8 Wünschelrouten-Radweg
- 56 Tour 9 Fahrt ins Kreuttal
- 58 Tour 10 Rund um den Bisamberg
- 60 Tour 11 Ganz schön im Öl
- 64 Tour 12 Rund um den Safaripark
- 66 Tour 13 Am Hubertusdamm
- 68 Tour 14 Schlössertour
- 71 Tour 15 Römertour
- 74 Tour 16 Um die Hundsheimer Berge
- 77 Tour 17 Zum Neusiedlersee
- 82 Tour 18 Baden in Podersdorf am See
- 85 Tour 19 Kirschblüten-Radweg
- 89 Tour 20 Radwanderweg-Süd
- 95 Tour 21 Rund um Klosterneuburg
- 98 Tour 22 Tulbinger Kogel
- 100 Tour 23 Um die Sophienalpe
- 102 Tour 24 Rund um Purkersdorf
- 106 Tour 25 Um den Hengstl
- 108 Tour 26 Um Kaltenleutgeben
- 110 Tour 27 Auf den Anninger
- 113 Tour 28 Um die Lindkögel
- 115 Tour 29 Auf den Schöpfl

Rund um Wien

Das Radtourenbuch **Rund um Wien** bietet Ihnen einen umfassenden Überblick über die schönsten Radtouren in der nahen und weiteren Umgebung Wiens. Außerdem stellen wir Ihnen die interessantesten Mountainbiketouren im Wienerwald von Klosterneuburg bis Bad Vöslau vor. Bei der Auswahl der Touren haben wir die Erreichbarkeit mit der Bahn berücksichtigt und, nach Möglichkeit, die Ausflüge in Form von Rundkursen ausgelegt, damit auch Autofahrer am Radvergnügen teilnehmen können. 20 Radausflüge und 9 Mountainbiketouren führen Sie auf eigenen Radwegen, ruhigen Nebenstraßen und Forstwegen durch die sehenswertesten Landschaften rund um Wien:

die weltberühmte Wachau, das wildromantische Kamptal, die sanfthügeligen Weinberge und Kellergassen des Weinviertels, der Neusiedlersee und der Wienerwald, die „grüne Lunge" Wiens. All das und mehr ist in diesem Buch beschrieben.

Streckencharakteristik

Länge

Die Länge der beschriebenen Ausflüge und Mountainbiketouren beträgt insgesamt rund 800 Kilometer. Varianten sind dabei nicht berücksichtigt. Die Längen der 29 thematischen Radtouren variieren von 20 Kilometern bis zu 70 Kilometern und sind so ausgelegt, dass sie an einem Tag ohne Probleme bewältigt werden können. Die meisten Ausgangspunkte der Touren sind gut mit der Bahn zu erreichen.

Wegequalität

Die Wegequalität der Radwege bei den Ausflügen ist im Großen und Ganzen hervorragend. Die Radwege verlaufen hauptsächlich auf verkehrsarmen Nebenstraßen und autofreien Güterwegen. Diese sind großteils asphaltiert oder gut befahrbare unbefestigte Fahrwege. Im Wienerwald sind die Mountainbikestrecken natürlich am besten mit einem Mountainbike zu befahren. Problematisch hinsichtlich des Verkehrsaufkommens sind nur die Umgebung der größeren Städte St. Pölten, Krems, Tulln, Gänserndorf, Mödling und Baden.

Beschilderung

Der Großteil der in diesem Buch beschriebenen Touren sind beschilderte Radrouten. Die Beschilderung wird vom Land Niederösterreich und Burgenland organisiert. Lückenlos ist die Beschilderung der Radwege nicht. Daher ist die Kombination zwischen Beschilderung, Karte und Routentext die komfortabelste Art des Radwanderns.

Die Touren, die sich nicht an der offiziellen Beschilderung orientieren, werden zum Teil von regionalen oder lokalen Radwegeschildern begleitet. Die Beschreibung ist daher bei diesen Ausflügen genauer.

Tourenplanung

Wichtige Telefonnummern:

Internationale Vorwahl für Österreich: 0043

Infostellen

Wien-Tourismus, Obere Augartenstr. 40, A-1025 Wien, 01/21114-0 o. 01/24555, E-Mail: info@wien.info, Internet: www.info.wien.at

Niederösterreich-Werbung GmbH, Fischhof 3/3, A-1010 Wien, 01/53610-0, E-Mail: tourismus@noe.co.at, Internet: www.niederösterreich.at

Burgenland Tourismus, Schloss Esterházy, A-7000 Eisenstadt, 02682/633 84-0, E-Mail: info@burgenland.info, Internet: www.burgenland.info

Fahrradtransport

Allgemeine Information erhalten Sie bei ihren Bahnhöfen, in den Fahrplänen oder bei der Zugauskunft der Österreichischen Bundesbahn unter: 05/1717.

Fahrradmitnahme

Die direkte Fahrradmitnahme ist nur in Zügen

möglich, die im Fahrplan durch das Fahrradsymbol 🚲 bzw. (🚲) gekennzeichnet sind. Letzteres bedeutet, dass die Mitnahme nur zu bestimmten Zeiten erlaubt ist (Mo-Fr 9-15 Uhr und ab 18.30 Uhr, Sa ab 9 Uhr, So/Fei ganztägig). Zudem benötigen Sie eine Fahrradkarte und es muss genügend Laderaum vorhanden sein. Die Preise für die österreichische Fahrradkarten sind wie folgt:

Fahrrad-Tageskarte	€ 2,90
Fahrrad-Wochenkarte	€ 6,50
Fahrrad-Monatskarte	€ 19,60
Fahrrad-Jahreskarte	€ 156,90

Fahrradversand

Für den Fahrradversand gibt es die Möglichkeit des Haus-Haus-Gepäck-Services. Der Fahrgast bucht mit einer gültigen Fahrkarte oder einem gültigen Mietvertrag „Fahrrad am Bahnhof" diesen Service. Der Preis beträgt pro Fahrrad € 12,30, bzw. mit Vorteilscard € 8,70. Es wird täglich abgeholt und zugestellt. Für Sonn- und Feiertage wird ein Zuschlag von € 14,50 pro Sendung in Rechnung gestellt.

Radverleih

Wien:
Radverleih Hochschaubahn Kremser & Co, Prater 113, 1020 Wien, ✆ 01/729-5888
Pedal Power, Ausstellungsstr. 3, 1020 Wien, ✆ 01/7297234
Riebl Sport, Schönbrunner Str. 63, 1130 Wien, ✆ 01/544 75 34
Radsport Nussdorf, Donaupromenade, 1190 Wien, ✆ 01/370 45 98
Floridsdorfer Brücke, Donauinsel Parkplatz, 1210 Wien, ✆ 01/278 86 98
Radverleih Copa Cagrana, Am Kaisermühlendamm 1, 1220 Wien, ✆ 01/2635242

Niederösterreich:
Zentrale Windrad, Vöslauerstr. 40, 2500 Baden, ✆ 02252/49222
J. Kreuzer, Badner Str. 29, 2540 Bad Vöslau, ✆ 02252/70716
Petschko GmbH, Kirchengasse 7, 3130 Herzogenburg, ✆ 02782/83311
Donaupark Camping, In der Au, 3400 Klosterneuburg, ✆ 02243/25877
Fa. Aichinger, Hohensteinstr. 22, 3500 Krems, ✆ 02732/82876
Ursin Haus, Kamptalstr. 3, 3550 Langenlois, ✆ 02734/2000-0
Tourismusverein, Hauptplatz 30, 2070 Retz, ✆ 02942/2700
Gh Goldenes Schiff, Mittergasse 5, 3620 Spitz, ✆ 02713/2326
Campingplatz Tulln, 3430 Tulln, ✆ 02272/65200

Burgenland:
G. Bucsis, Bahnhof, 7100 Neusiedl/See, ✆ 02167/20790
T. Waldherr, Hauptstr. 42, 7141 Podersdorf, ✆ 02177/2297

Rad & Schiff entlang der Strecke

Das Reisen mit dem Schiff stellt eine reizvolle Ergänzung zur Radtour dar.
Die Strecke Krems (bzw. Dürnstein)-Wien bedient die Blue Danube Schifffahrt GmbH. von Mai bis September sonntags. Nähere Auskünfte unter: ✆ 01/72 86 123.

Mit Kindern unterwegs

Besonders der Donauraum und der Neusiedler See sind wegen der kaum vorhandenen Steigungen für das Radwandern mit Kindern besonders geeignet. Aufgrund der teilweise immer noch relativen Abgeschiedenheit mancher Ausflüge hält sich der Verkehr auf vielen Straßen in Grenzen, so dass Sie auch ohne weiteres mit Kindern auf der Straße fahren können.

Achten Sie bei Ihrer Routenplanung trotzdem darauf, dass die Kinder sich nicht stundenlang auf verkehrsgerechtes Fahren konzentrieren können. Um unnötige Strapazen oder ständiges Warten zu vermeiden, sollte ein Kinderfahrrad zumindest dem Qualitätsstandard der Räder der erwachsenen Mitreisenden entsprechen.

Das Rad für die Tour

Die Radtouren rund um Wien haben vielfältige Landschaften zu bieten, daher sind auch die Ansprüche an den Radreisenden und dessen Fahrrad unterschiedlich. Die Touren sind grundsätzlich mit jedem funktionstüchtigen Fahrrad zu bewältigen, doch bieten Tourenräder, Trekking- oder Mountainbikes in jedem Fall mehr Reisekomfort.

Ratsam ist es auf alle Fälle – egal bei welchem Fahrradtyp –, eine Grundausrüstung an Werkzeugen und Zubehör mitzuführen: Ersatzschlauch und/oder Flickzeug, Reifenheber, Universalschraubenschlüssel, Luftpumpe, Brems- und Schaltseil, Speichen- und Schraubenzieher, Öl sowie Kettenfett, Schmiertücher und Ersatzleuchten.

Mountainbiking

Die problematische Lage des Mountainbikings im Wienerwald hat sich teilweise gebessert. Die Bundesforste haben rund 230 Kilometer Forststrassen im Wienerwald geöffnet.

Die Forststrassen dürfen vom 15. April bis 31. Oktober in der Zeit von zwei Stunden nach Sonnenaufgang bis eine Stunde vor Sonnenuntergang befahren werden. Genaue Informationen zu diesem Thema erhalten Sie bei der Österr. Bundesforste AG, Pummergasse 10/2, A-3002 Purkersdorf, ✆ 02231/600-150.

Die in diesem Buch beschriebenen Mountainbiketouren verlaufen bis auf wenige Ausnahmen auf freigegebenen Forststraßen, öffentlich befahrbaren Fahrwegen und Nebenstraßen.

Zu diesem Buch

Dieser Radreiseführer enthält alle Informationen, die Sie für die Radausflüge im Wiener Umland benötigen: exakte Karten, detaillierte Streckenbeschreibungen, Stadt- und Ortspläne sowie die wichtigsten Informationen zu touristischen Attraktionen und Sehenswürdigkeiten.

Und das alles mit der **bikeline**-Garantie: jeder Meter in unseren Büchern ist von einem unserer Redakteure vor Ort auf seine Fahrradtauglichkeit geprüft worden!

Die Karten

Einen Überblick über die geographische Lage der Touren gibt Ihnen die Übersichtskarte auf der vorderen inneren Umschlagseite. Hier sind auch die Blattschnitte der einzelnen Ausflugs- und Mountainbiketouren eingetragen. Diese Ausflugskarten sind in den Maßstäben 1:50.000, 1:75.000, manchmal auch 1:100.000 oder 1:200.000 erstellt. Zusätzlich zum genauen Routenverlauf informieren die

Karten auch über die Beschaffenheit des Bodenbelages (befestigt oder unbefestigt), Steigungen (stark oder schwach), Entfernungen sowie über kulturelle und touristische Einrichtungen entlang der Strecke.

Beachten Sie, dass die empfohlene Hauptroute immer in Rot oder Violett bzw. braun für Mountainbikestrecken, hingegen Varianten und Ausflüge in Orange dargestellt sind. Die genaue Bedeutung der einzelnen Symbole wird in der Legende auf Seite 4 erläutert.

Höhen- und Streckenprofil

Das Höhen- und Streckenprofil gibt Ihnen einen grafischen Überblick über die Steigungsverhältnisse, die Länge und die wichtigsten Orte entlang der Radroute. Es können in diesem Überblick nur die markantesten Höhenunterschiede dargestellt werden, jede einzelne kleinere Steigung wird in dieser grafischen Darstellung jedoch nicht berücksichtigt. Die Steigungs- und Gefälleverhältnisse entlang der Route finden Sie im Detail mit Hilfe der Steigungspfeile in den genauen Karten.

Der Text

Der Textteil besteht im Wesentlichen aus der genauen Wegebeschreibung, die besonders in Siedlungsgebieten wichtig ist. Der Blick auf die Karte kann jedoch nicht ersetzt werden. Der fortlaufende Text beschreibt die empfohlene Hauptroute. Diese stichwortartigen Streckeninformationen werden, zum leichteren Auffinden, von dem Zeichen begleitet.

Unterbrochen wird dieser Text gegebenenfalls durch orange hinterlegte Absätze, die Varianten und Ausflüge behandeln.

Ferner sind alle wichtigen Orte zur besseren Orientierung aus dem Text hervorgehoben. Neben dem Ortsnamen im Ortsbalken befinden sich gegebenenfalls Flusskilometer oder Höhenangaben. Gibt es interessante Sehenswürdigkeiten in einem Ort, so finden Sie unter dem Ortsbalken die jeweiligen Adressen, Telefonnummern und Öffnungszeiten. In Großstädten bieten wir Ihnen allerdings nur eine Auswahl der wichtigsten Sehenswürdigkeiten an.

Die Beschreibung größerer Orte sowie historisch, kulturell und naturkundlich interessanter Gegebenheiten entlang der Route tragen zu einem abgerundeten Reiseerlebnis bei. Diese Textblöcke sind kursiv gesetzt und unterscheiden sich dadurch optisch von der Streckenbeschreibung.

Zudem gibt es kurze Textabschnitte in den Farben Violett oder Orange, mit denen wir Sie auf bestimmte Gegebenheiten aufmerksam machen möchten:

Textabschnitte in Violett heben Stellen hervor, an denen Sie Entscheidungen über Ihre weitere Fahrstrecke treffen müssen; z. B. wenn die Streckenführung von der Wegweisung abweicht oder mehrere Varianten zur Auswahl stehen u. ä.

Textabschnitte in Orange stellen Ausflugstipps dar und weisen auf interessante Sehenswürdigkeiten oder Freizeitaktivitäten etwas abseits der Route hin.

Tour 1 Am Donauradweg — 72 km

Länge: 72 km
Start: Krems
Ziel: Klosterneuburg
Wegbeschaffenheit: asphaltierte Ufer- und Radwege; teils Nebenstraßen
Verkehr: keine Beeinträchtigungen
Beschilderung: durchgehend in beiden Richtungen als Donauradweg
Hinweis: familienfreundlich

Krems
PLZ: 3500; Vorwahl: 02732

- Austropa Verkehrsbüro, im Kloster Und, Undstr. 6, ✆ 82676.
- Donauschiffahrt Oberleitner-Fischer OEG, ✆ 02714/6355. Betriebszeiten: Mai-Okt.
- Donauschiffahrt Ardagger, ✆ 07479/6464-0, Betriebszeiten: April-Okt.
- Weinstadtmuseum, ehem. Dominikanerkirche, Körnermarkt 14, ✆ 801-567 u. 572, ÖZ: März-Nov., Di-So 13-18 Uhr. Themen: archäologische Sammlungen, volkskundliche Exponate zum Weinbau, mittelalterliche Kunstschätze und Werke des Barockmalers M. J. Schmidt. Zudem sind weite Teile der Klosteranlagen zugänglich.
- Motorrad-Museum, Egelsee (2 km nordwestl.), Ziegelofeng. 1, ✆ 413013, ÖZ: tägl. 9-17 Uhr. Die private Sammlung bietet einen Querschnitt durch 8 Jahrzehnte (vorwiegend österreichische) Motorradgeschichte und viele andere Dinge rund ums Motorrad.
- Kloster Und, das neu adaptierte Kloster Und bietet den Gästen die Weinhandlung Noitz mit Vinotheque, Haubenrestaurant Toni Mörwald, Kirchenschiff mit Klanginstallationen, Weingalerie und Seminarräume.
- Pfarrkirche St. Veit, Pfarrpl. Vollendet wurde die von aussen massig wirkende Anlage von Cypriano Biasino 1630. Sie zählt neben der Stiftskirche von Göttweig zu den ersten Beispielen barocken Kirchenbaus in Österreich.
- Piaristenkirche, Frauenbergpl. Unter architektonischem Einfluss der Wiener Bauhütte 1475-1515 mit einem malerischen Treppenaufgang und einer dreischiffigen Halle errichtet. Ähnlich wie in Wien, bevölkern auch hier Statuen die Pfeiler. Die Altarbilder stammen von Martin Johann Schmidt.
- Bürgerspitalkirche, Obere Landstr. Beruhend auf dem System nach innen gekehrter Strebepfeiler 1470 errichtet. Sehenswert sind die schwungvollen Fenstermaßwerke und die vielgestaltigen Eisentürchen der gotischen Sakramentnische.
- Ehem. Dominikanerkirche, Dominikanerpl. Die basilikale Anlage wurde um 1265 fertiggestellt und gehört zu den frühen Wölbebauten der deutschen Bettelorden. Nach der

Klosteraufhebung (1785) stand das Bauwerk als Knopffabrik, Getreidespeicher oder Theater in Verwendung, seit 1891 beherbergt es das Stadtmuseum.

✠ **Kapuzinerkloster Und**, Undstr. Der Bau des profanierten Komplexes begann 1614, in dessen Mittelpunkt ein kleines, überkuppeltes Gotteshaus steht.

✠ **Gozzo-Burg - Ehem. Stadtpalais**, Hoher Markt. Der reiche Kremser Bürger und Stadtrichter Gozzo ließ es 1260-70 mit Anlehnung an den italienischen Typus des Stadtpalastes errichten. Der besonders schöne Saal macht die Anlage zum bedeutendsten Profanbau Österreichs aus dieser Zeit.

✳ **Kunstmeile Krems**, Kunsthalle ☎ 908010, Karikaturmuseum ☎ 908020

✳ **Rathaus**, Pfarrpl. 1453 von Ulrich von Dachsberg an die Stadt geschenkt, in der Eingangshalle schöne Renaissancesäulen von 1549. Aus derselben Zeit stammen die besonders sehenswerten Erker mit reichen Wappenreliefs und dekorativer Ornamentik.

✳ **Bürgerhäuser**, Untere und Obere Landstr./ Körnermarkt/ Margarethenstr. Das Stadtbild wird hauptsächlich von Bauten des 16. Jhs. bestimmt, mit Erkern, Reliefs und Sgraffiti an den Fassaden, die hie und da auch reizvoller Barockstuck überzieht.

✳ **Steiner Tor**, westl. Ende der Stadt. Mit vier gotischen Rundtürmen bildet es eines der Stadttore und das Wahrzeichen von Krems. Errichtet 1480, barocker Aufbau von 1754.

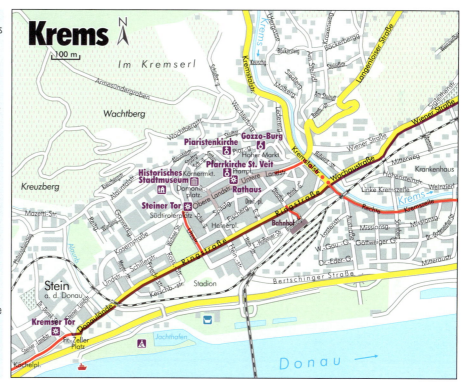

11

Krems gilt als die älteste Stadt Niederösterreichs, hier lassen barocke Bürgerhäuser mit Renaissance-Arkadenhöfen, gotische Erker, Fenster und Kapellen und ein Gewirr mittelalterlicher Gässchen, die die Altstadt durchziehen, den eigentümlichen Charakter der Stadt für jeden zum Erlebnis werden. Wahrzeichen von Krems ist das Steiner Tor, das zwischen mittelalterlichen Spitztürmen einen hohen Barockturm trägt. Hinter dem Tor erhebt sich der Wachtberg, auf dem eine der schönsten Kremser Kirchen steht, die Piaristenkirche. Über die teilweise überdachte altertümliche Piaristenstiege gelangt man zu der 1475 im gotischen Stil erbauten Kirche, die einen Hochaltar von Martin Johann Schmidt, genannt Kremser Schmidt, birgt.

Neben der mustergültig gepflegten Altstadt genießt Krems aber heute auch den Ruf einer innovativen Stadt mit neuartigen wissenschaftlichen Einrichtungen und künstlerischen Projekten.

Krems a. d. Donau

Von Krems zum Kraftwerk Altenwörth   26 km

Vom Bahnhof der Stadt Krems führt der Donauradweg gut beschildert zur Donaubrücke — direkt nach der Bahnunterführung nach links von der **Wertheimstraße** in die Rechte **Kremszeile** abzweigen und den kleinen Fluss bis zur Bundesstraße begleiten — nach rechts und in einer Schleife zur Bundesstraße hinauf — am Radweg neben der Bundesstraße über die Donau — hier erreicht der Radweg nach einem großen Bogen das eingedämmte Bachbett der Fladnitz — entlang des Dammes nach rechts zum Donauradweg Richtung Tulln und Wien.

Der **Donauradweg** verläuft ab der Mündung der Fladnitz in die Donau immer dicht am Donauufer — unter der Donaubrücke hindurch und um das Hafengelände — eine Tafel warnt kurioserweise vor gelegentlich ausgespannten Seilen für Schiffe — nach einem Kilometer bei einem Häuschen auf den Damm.

Tipp: Hier haben Sie einen schönen Ausblick auf die weitläufigen Auen und zur Rechten auf das leicht hügelige Land um Traismauer.

Vorbei an der **Ruine Bertholdstein** und weiter zum Radlertreff mit Imbissstube.

Tipp: Hier haben Sie die Möglichkeit, nach Hollenburg abzuzweigen. Der Ort liegt hinter der Autobahn am Fuße der höchsten Erhöhung der Gegend, dem Schiffberg.

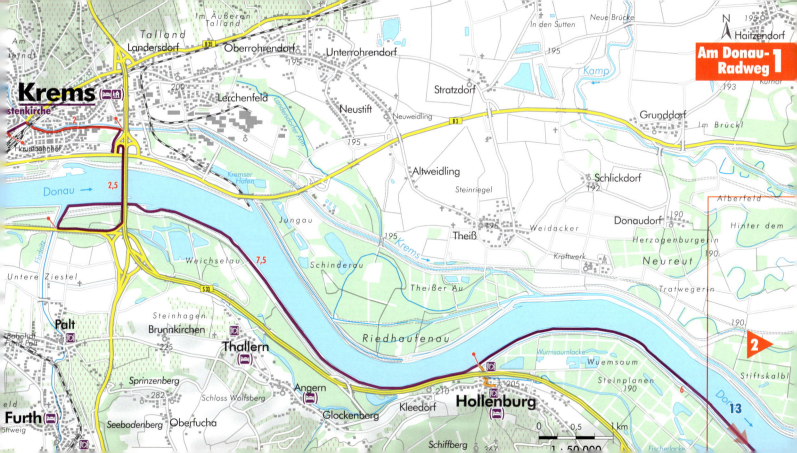

Hollenburg
PLZ: 3506; Vorwahl: 02739

8 Pfarrkirche. Dreischiffige, netzgewölbte Pfeilerbasilika mit charakteristischem Westturm und bedeutender gotischer Madonna.

Hinter Hollenburg führt der Dammweg durch eine zunehmend ebene und offene Landschaft.

Tipp: Nach etwa 6 Kilometern, beim Gasthaus an der Donau, können Sie vom Damm abzweigen und auf dem Schubert-Radweg durch das Tullner Feld radeln (siehe Tour 5, Seite 42).

Der Donauradweg bleibt die nächsten 7 Kilometer am Donauufer kurz vor den Schleusen des **Kraftwerkes Altenwörth** das Ufer verlassen vor der Traisen knickt der Weg nach links ab und führt zu einer Brücke dort nach rechts über den Fluss nach Altenwörth geht es nach links übers Kraftwerk.

Vom Kraftwerk Altenwörth nach Tulln 20,5 km

Auf der anderen Seite der Traisen in spitzem Winkel links hinunter dem Verlauf des

Tulln

Flüsschens bis zur Mündung folgen am Treppelweg der Donau bestimmen nun zwei Kraftwerke das Bild: das thermische Kraftwerk Dürnrohr und das nie in Betrieb genommene **Kernkraftwerk Zwentendorf** nach 1,5 Kilometern biegt der Weg nach rechts ab und führt etwa 500 Meter unbefestigt durch den schattigen Auwald hinter dem Steg über einen Donauarm mündet der Weg in eine Asphaltstraße hier links halten.

Das Kernkraftwerk passieren danach mündet der Weg in eine Zufahrtsstraße und führt über eine Brücke drüben nach links auf den Treppelweg der entlang der Donau in den Ort Zwentendorf führt.

Tipp: Kurz vor dem Flusskilometer 1975 können Sie nach rechts zum Campingplatz fahren.

Die Route verläuft weiter geradeaus an der Donaufront.

Zwentendorf
PLZ: 3435; Vorwahl: 02277

i Gemeindeamt, ✆ 2209-0

❊ Atomkraftwerk Zwentendorf. Das einzige und nie in Betrieb genommene Kernkraftwerk Österreichs ist neben Hainburg ein Erfolgssymbol für die heimische Umweltschutzbewegung, nachdem es 1978 per Volksentscheid stillgelegt wurde.

Ab **Zwentendorf** etwa 900 Meter auf dem geschotterten Weg bis zum Betonklotz diesem rechts über einen befestigten Fahrweg ausweichen gleich darauf links Richtung **Kleinschönbichl** hinter der Ortschaft am Bootshafen vorbei vor dem Perschlingbach nach rechts den Bach auf der

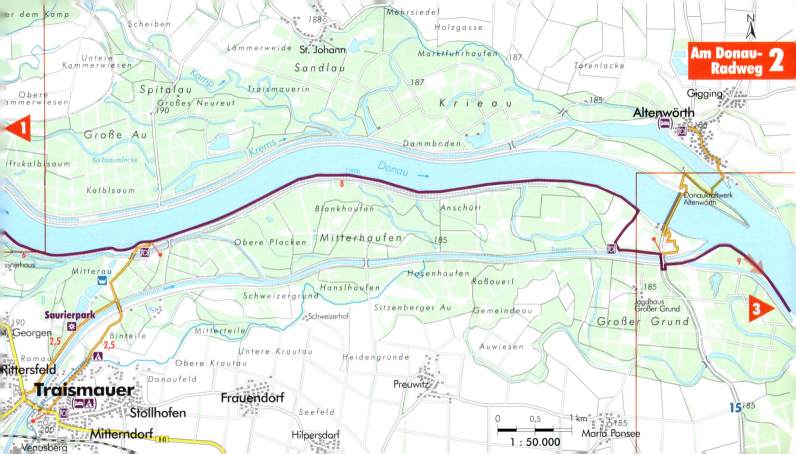

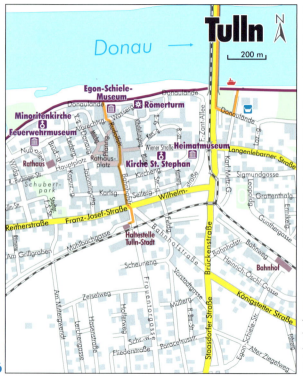

nächsten Brücke überqueren und dem Begleitradweg entlang der Straße nach Pischelsdorf folgen — am Ortsrand von **Pischelsdorf** unter einer großen Linde links abbiegen.

Der Donauradweg umrundet Pischelsdorf und biegt am Waldsaum links ab — danach geht es über einen Bach und weiter dem Asphaltband folgend — entlang der Geländestufe schlängelt sich der Weg zwischen Wald und Feldern dahin — nach etwa 2 Kilometern mündet der Weg bei **Langenschönbichl** in eine Vorrangstraße und führt geradeaus durch den Ort — am Ortsende links Richtung **Kronau** — im stillen Dorf Kronau geradeaus auf die Hauptstraße.

2 Kilometer weiter vereinigen sich **Donauradweg** und **Schubert-Radweg** wieder — gleich nach der Großen Tulln links abbiegen und weiter am Treppelweg oder am Damm — nach der Einmündung der Großen Tulln führt der Weg am Donauufer zur „Gartenstadt" Tulln — die zwei Wege trennen sich vor der Alpenvereinsherberge und laufen wieder beim Gästehafen zusammen — um nach Tulln zu gelangen nun rechts in den **Klosterweg** abbiegen — vorbei am Museumsgebäude zum Hauptplatz.

Tulln
PLZ: 3430; Vorwahl: 02272

- **Tourismusverein**, ✆ 65836.
- **Egon-Schiele-Museum**, Donaulände, ✆ 64570, ÖZ: Di-So 10-18 Uhr. Im ehemaligen Stadtgefängnis werden über 100 Originalwerke des Malers gezeigt, darunter die „Zerfallende Mühle" (1916) oder der „Blick über verschneite Weingärten auf Klosterneuburg" (1907). Dokumentation über Schieles Leben und seine Zeit.
- **Museen im Minoritenkloster**, Minoritenpl. 1, ✆ 61915, ÖZ: Di-So 10-18 Uhr. Ausstellungen zu Themen wie „Land am Strome", „Röm. Limesmuseum", „Tulln unter der Erde" u.v.m. finden Sie in den verschiedenen Museen: Stadt- und Bezirksmuseum, Römermuseum, Museum für Geologie, Museum für Stadtarchäologie, Niederösterreichisches

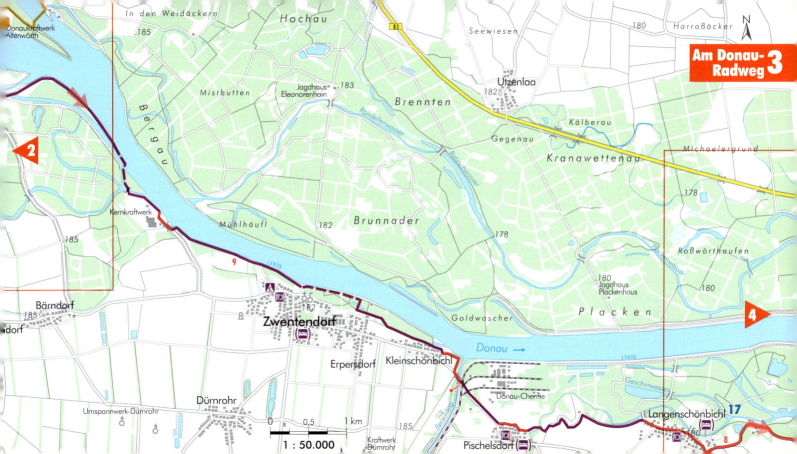

Feuerwehrmuseum.

🕆 **Pfarrkirche St. Stephan**, Wiener Str. Von der dreischiffigen Pfeilerbasilika aus dem 12. Jh. ist das besonders sehenswerte West-Portal noch rein romanisch erhalten, es wird von je 6 Halbfiguren in Rundbogennischen verziert (vermutlich die 12 Apostel). Die wertvollsten Stücke der Einrichtung kommen aus aufgelassenen Klöstern wie z.B. der Kartause Gaming.

🕆 **Karner - Dreikönigskapelle**, nebst St. Stephan. Das schönste und reichste österreichische Beispiel dieses Bautypus vereint spätromanische mit frühgotischen Elementen (13. Jh.). Beachtenswert das fünfeinhalbstufige Trichterportal und die Ausmalung aus dem 13. Jh. (1873 erneuert).

🕆 **Minoritenkirche**, Minoritenplatz. Die Klosterkirche entstand 1732-39 und bietet eine sehenswerte stilistische Einheitlichkeit des Innenraumes sowie qualitätsvolle Altarplastiken. Neben der unterirdischen barocken Gruft befindet sich auch eine Einsiedelei, deren Wände mit Muscheln, Steinen und Knochen verziert sind.

✹ **Römerturm an der Donaulände.** Der Flankenturm des römischen Reiterlagers Comagna ist eines der ältesten (intakten) Gebäude Österreichs.

✹ **Stadtbild.** Geprägt von einstöckigen Häusern mit ländlichem Charakter, die häufig noch einen mittelalterlichen Kern besitzen.

Klosterneuburg

Von Tulln nach Klosterneuburg 25 km

Von der Donaupromenade bei **Tulln** über den unteren Treppelweg zur Donaubrücke unter der Brücke hindurch und dem Dammverlauf Richtung Greifenstein folgen nach dem Umfahren des Hafenbeckens weiter auf der Dammkrone Richtung Greifenstein nach ungefähr 3 Kilometern vorbei an der Donaulände von **Langenlebarn** und der „Dorflacke" der Kleinen Tulln entlang eines Erholungsgebietes nach Muckendorf nach weiteren 4 Kilometern vorbei am Gasthaus „Saunabäder" weiter geradeaus zum Kraftwerk Greifenstein.

Tipp: Bis zum Einbruch der Dunkelheit können Sie ans Nordufer gelangen, um nach Stockerau zu fahren.

Die Hauptroute führt nach rechts am Gasthaus Jarosch vorbei den Altarm der Donau dann an der Altarmschwelle auf einer neu errichteten Brücke überqueren neben der Bahn vorbei an der **Fährstation** von hier geht es ab ins Zentrum von Greifenstein.

Greifenstein
PLZ: 3422; Vorwahl: 02242

🕆 **Gemeindeamt**, Hauptstr. 43, ✆ 2231.

⛴ **Überfuhr zum Kraftwerk**: tägl. 9-21 Uhr nach Bedarf.

🕆 **Burg.** Im 19. Jh. von Fürst Johann Liechtenstein auf Resten einer früheren Befestigung wiederaufgebaut, in der typischen Kleinburg mit Bering, Palas und Bergfried sind noch eine Knappenstube und Torraum aus dem 12. Jh. zu sehen. Restaurant.

✹ **Sehenswerte Villen im „Wiener Landhausstil"**

Ab **Greifenstein** geht's entlang der Bahn weiter ~ die Route kehrt wieder zurück zur Donau ~ an der Querstraße links zum Treppelweg abbiegen ~ zu Ortsbeginn von **Höflein** erfährt der Radweg eine kurze Ablenkung, kehrt aber gleich wieder ans Donauufer zurück ~ kurz nach der Abzweigung in den Ort die Wohnstraße verlassen und hinunter zum Treppelweg fahren ~ ein kurzes Stück noch entlang der Donau radeln, die sich hier gen Süden wendet und die **Wiener Pforte** durchfließt ~ dann weicht der Treppelweg von der Donau ab ~ nur mehr ein kleines Gerinne, der Klosterneuburger Durchstich, begleitet linker Hand den Weg ~ vorbei am Bahnhof **Kritzendorf**.

Tipp: Am Bahnhof können Sie rechts in den Ort abzweigen.

Geradeaus weiter nach Klosterneuburg ~ nach 3,5 Kilometern ist der **Bahnhof Klosterneuburg-Kierling** erreicht ~ beim **Bahnhof** durch die Unterführung ~ dann den Niedermarkt überqueren und auf der Straße **Hundskehle** direkt zum Rathausplatz und zum Stift.

Tipp: Wenn Sie nach Wien fahren möchten, so bleiben Sie am Donauradweg. Genaue Routen-

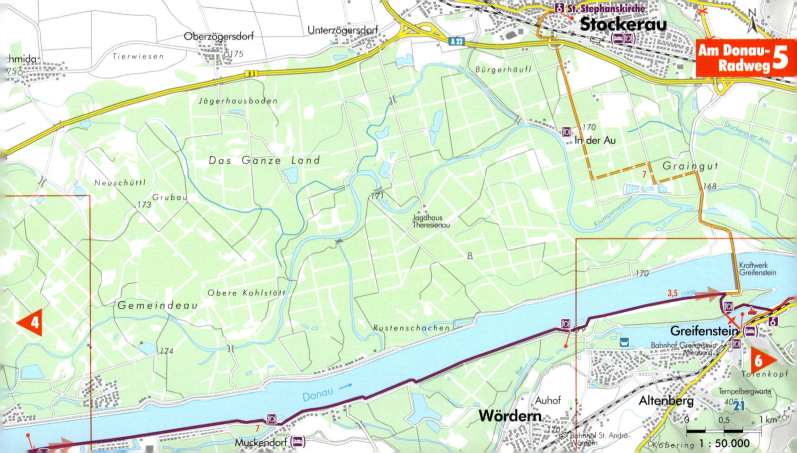

Verduner Altar im Stift Klosterneuburg

beschreibung und weitere Informationen finden Sie im *bikeline*-Radtourenbuch Donau-Radweg 2.

Klosterneuburg
PLZ: 3400; Vorwahl: 02243

- 🛈 **Tourismus-Verein**, Niedermarkt 4 - im Bahnhof, ✆ 34396.
- 🏛 **Kunsthaus Sammlung Essl**, An der Donau-Au 1, ✆ 0800/232-800, ÖZ: Di-So 10-19 Uhr, Mi 10-21 Uhr. Sammlung internationaler zeitgenössischer Kunst ab dem 20. Jh sowie Sonderausstellungen.
- 🏛 **Stadtmuseum**, Kardinal-Piffl-Platz 8, ✆ 444-299, ÖZ: Sa 14-18 Uhr, So/Fei 10-18 Uhr. Dauerausstellungen wie z.B. Vom römischen Lagerdorf zum mittelalterlichen Lesehof, Sonderausstellungen sowie Werkschauen verschiedener Maler.
- 🏛 **Stiftsmuseum**, Stiftspl. 1, ✆ 411-154, ÖZ: Mai-Nov., Di-So 10-17 Uhr. Schwerpunkte der Sammlung sind gotische Tafelmalerei und Skulpturen, Bronzestatuetten der Renaissance, Elfenbein und Kleinplastik 10.-18. Jh., Klosterneuburger Ansichten. Unter den vertretenen Künstlern Rueland Frueauf der Jüngere, Rudolf v. Alt und Egon Schiele.
- 🏛 **Archäologisches Museum - Unterkirche St. Martin**, Martinstr. 38, ÖZ: So 10-12 und nach Vereinbarung. Tausendjährige Kirchengeschichte in Originalen. Die ältesten Spuren in der Grabung gehen von einer fränkischen Holzkirche um 900 aus, u. a. bemerkenswert das spätgotische Taufbecken.
- 🏛 **Mährisch-Schlesisches Heimatmuseum**, Schießstattg. 2, ÖZ: Di 10-16, Sa 14-17, So 10-13 Uhr. Die Sammlung stammt größtenteils aus dem östlichen Sudetenland und Beskidenland, und zeigt religiöses Leben und Brauchtum.
- ⛪ **Chorherrenstift Klosterneuburg**, Stiftsplatz 1, ✆ 411/212, Führungen: Mo-So 10-17 Uhr. **Mittelalterliches Stiftsgebäude:** ab 1108 auf der Stelle eines römischen Kastells errichtet und im 15. bis 19. Jh. weiter ausgebaut. Nur mit Führung zugänglich. **Barocker Stiftsneubau:** Die großartige Anlage entstand 1730-55 unter Karl VI. und wollte die barocke Einheit von Kirche und Kaiserstaat demonstrieren, die beginnende Säkularisierung setzte dem gigantischen Projekt jedoch ein vorzeitiges Ende. Im Rahmen der Führungen werden u.a. die Kaiserzimmer mit ihren hervorragenden Stukkaturen und der Gobelinsaal gezeigt. **Stiftskirche Unsere Liebe Frau:** Der romanische Bau stammt von 1114-36, das Innere erhielt im 18. Jh. seine heutige Gestalt. In der Leopoldskapelle ist der berühmte Verduner Altar, das vielleicht großartigste Emailwerk des Mittelalters bestehend aus 51 biblischen Bildtafeln, zu sehen.
- ⛪ **Pfarrkirche St. Martin**, Martinstr. 38. Die Pfarre reicht vor die Mitte des 11. Jh. zurück, im Innern fallen vor allem die 16 überlebensgroßen, vergoldeten Holzstatuen auf Wandkonsolen auf.

Tour 2 Durch die Wachau   20 km

Länge: 20 km
Start: Spitz an der Donau
Ziel: Krems
Wegbeschaffenheit: asphaltierte Ufer- und Radwege; teils Nebenstraßen
Verkehr: keine Beeinträchtigungen
Beschilderung: durchgehend in beiden Richtungen als Donauradweg
Hinweis: familienfreundlich

Spitz a. d. Donau
PLZ: 3620; Vorwahl: 02713

- Tourismusverein, ✆ 2363
- **Fähre nach Arnsdorf:** Betriebszeiten: 16.-31. März, Mo-Fr 6-18.30 Uhr, Sa 7-18.30 Uhr, So/Fei 8-18.30 Uhr; April, Mo-Fr 6-19.30 Uhr, Sa 7-19.30 Uhr, So/Fei 8-19.30 Uhr, Mai-Sept., Mo-Fr 6-20.30 Uhr, Sa 7-20.30 Uhr, So/Fei 8-20.30 Uhr, Okt., Mo-Fr 6-18.30 Uhr, Sa 7-18.30 Uhr, So/Fei 8-18.30 Uhr, 1.-15.Nov., Mo-Fr 6-18 Uhr, Sa 7-18 Uhr, So/Fei 10-18 Uhr, 16.Nov.-15.März, Mo-Fr 6-10 u. 14-18 Uhr.
- **Schloss Erlauhof mit Schifffahrtsmuseum,** Erlahof, ✆ 2246, ÖZ: 1. Apr.-31. Okt., Mo-Sa 10-12 u. 14-16 Uhr, So 10-12 u. 13-17 Uhr. Die reiche Darstellung der Donauschiffahrt seit römischen Zeiten geht insbesondere auf die Geschichte der Flößer, der Schiffszüge (oder der „Hohen Nau") und der Donaureisen ein.
- **Pfarrkirche hl. Mauritius,** Marktpl. Das spätgotische Untergeschoss des 14./15. Jh. trägt einen um 100 Jahre älteren, stattlichen W-Turm, im Inneren spätgotische Architektur mit Netzgewölbe und barocke Einrichtungen wie z. B. der Hochaltar mit einem Spätwerk des Kremser-Schmidt von 1799.
- **Unteres Schloss.** Vermauerte Arkade, Erker und Wappen sind die Reste der Ausstattung aus dem 14. bis 16. Jh.
- **Ruine Hinterhaus.** Auf schroffem Felsen bereits im 13. Jh. bestanden und im 16. Jh.

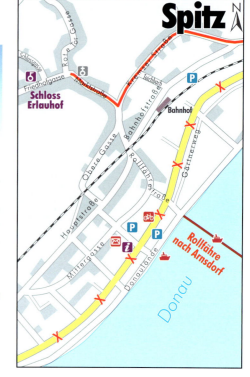

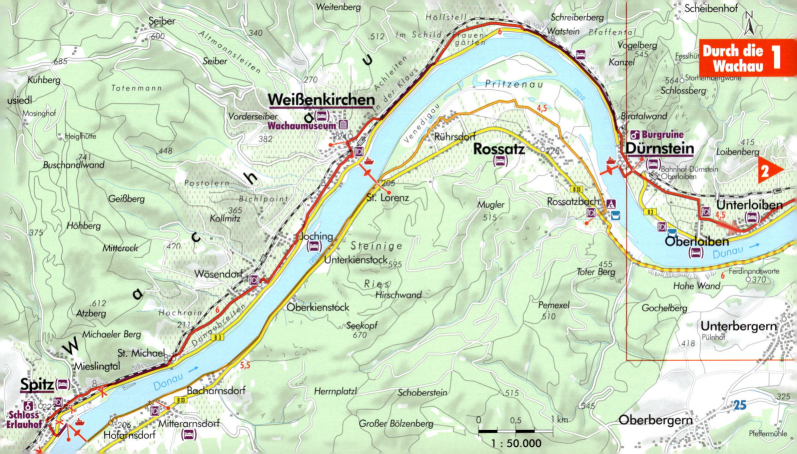

Spitz a. d. Donau

um die Rundtürme erweitert, besitzt die wohlerhaltene Ruine einen mächtigen romanischen Bergfried, eine gotische Vorburg und Renaissancebefestigungen.

✱ **Altes Rathaus.** Zusammen mit dem Bürgerspital (um 1400) bildet es eine sehenswerte gotische Baugruppe mit malerischem Hof, allerdings durch den Bahnbau etwas beeinträchtigt.

✱ **Rotes Tor.** Der aus Bruchsteinen gemauerte Torbogen (Schwedentor) gibt seit Generationen den malerischen Rahmen für charakteristische Wachauer Landschaftsblicke ab.

Tipp: Diese kurze Radtour lässt sich ideal mit einer Schifffahrt auf der Donau verbinden, indem Sie von Krems nach Spitz auf der „Wasserstraße" anreisen.

Von Spitz nach Krems — 20 km

Vom **Kirchplatz** die **Marktstraße** hinunterfahren — dann links in die **Kremser Straße** einbiegen und parallel zum Donauufer weiter — nach Überquerung der Bahn findet die Route ihre Fortsetzung links der Bundesstraße — bei der sehenswerten Kirche von **St. Michael** wieder auf den Güterweg wechseln.

Über den Panoramaweg der Donaubreiten nach **Wösendorf** — bis zur Kirche und dahinter rechts abbiegen — an der darauffolgenden Querstraße nach links und auf einer Nebenstraße durch **Joching**.

Weissenkirchen
PLZ: 3610; Vorwahl: 02715

🛈 **Gemeindeamt,** ✆ 2232, Zimmerinformation, ✆ 2600

⛴ **Fähre:** tägl. 9-12 u. 13.30-18.30 Uhr, Sa, So, Fei 9-18.30 Uhr.

🏛 **Wachaumuseum,** Teisenhoferhof, ✆ 2268, ÖZ: 1. Apr.-31. Okt., Di-So 10-17 Uhr. Ein Teil des Museums zeigt Arbeitsgeräte der Weinhauer und eine historische Weinpresse, weiters sind Werke der „Wachaumaler" des 19./20. Jhs. wie Jakob Alt, Johann Nepomuk oder Martin Johann (Kremser) Schmidt zu sehen.

⛪ **Wehrkirche St. Michael,** 2 km donauaufwärts. Der gotische Neubau stammt aus der Zeit um 1500, die Pfarre aber reicht ein halbes Jahrtausend zurück und gilt als „Urpfarre" der Wachau. Die sagenhaften 7 Hasen am Dach des Presbyteriums stellen wahrscheinlich die „Wilde Jagd" mit Hirschen und Jägern dar. Es gibt jedoch noch andere legendäre Erklärungen.

⛪ **Pfarrkirche Mariae Himmelfahrt,** Kirchpl. Die ersten Teile der hochgelegenen Kirche, die von einer fast intakten Wehranlage umgeben ist, entstanden um 1400. Im Inneren mischen sich spätgotische und barocke Elemente.

Weißenkirchen

Dürnstein

✱ **Teisenhofer- oder Schützenhof,** Marktpl. Der besonders schöne Arkadenhof im Stil der Renaissance stammt in seiner heutigen Erscheinung aus der 2. Hälfte des 15. Jhs. Sitz der 1. NÖ-Weinakademie und des Kreativseminars Weißenkirchen.

Nach der Kirche in **Weißenkirchen** zunächst weiter auf der Donauterrasse und nicht zum Bahnhof hinunter ~ entlang einer hübschen Häuserzeile mit Heurigenschenken den Ort verlassen ~ nach dem Bahnübergang geht es auf dem Radweg links neben der Straße weiter ~ nach einem Kilometer nach links und einem Güterweg durch die „Frauengärten" folgen ~ wenn die Hänge wieder näher an den Fluss heranrücken, geht es auf dem Radweg entlang der Bundesstraße weiter ~ bei der Ortstafel von Dürnstein vom Radweg auf die Nebenstraße wechseln ~ die Route führt über eine kleine Anhöhe und unterhalb der Burgruine geradeaus durch den historischen Ortskern.

Dürnstein
PLZ: 3601; Vorwahl: 02711

🛈 **Gemeindeamt,** Rathaus, ✆ 200 o. 219

⛴ **Fähre Rossatz-Dürnstein:** Betriebszeiten Ostern-2. Okt.Woche. April/Okt, Sa,So,Fei 10-18 Uhr, Mai-Sept., tägl. 10-18 Uhr, Juli/Aug., tägl. 10-19 Uhr.

⛴ **Donauschiffahrt Oberleitner-Fischer OEG,** Rossatzbach 40, ✆ 02714/6355. Betriebszeiten: Mai-Okt. Charterfahrten in der Wachau.

🏛 **Stift Dürnstein,** ✆ 375, ÖZ: 1. Apr.-31. Okt., tägl. 9-18 Uhr, Führungen gegen Voranmeldung. 1410 gegründetes und 1710-33 von den bedeutendsten Künstlern dieser Zeit barockisiertes Augustiner-Chorherrenstift, dessen Hof zu den schönsten Klosterhöfen gehört.

🏛 **Stiftskirche Mariä Himmelfahrt.** Das Meisterwerk öst. Barockarchitektur mit dem blau-weiß gehaltenen Kirchturm (um 1733) ist berühmt für die Einheit von Kunst und Landschaft.

🏛 **Kellerschlössl,** östlich der Stadt.1714 vermutlich von J. Prandtauer mit stuckierten Räumen und Deckenfresken erbaut. Gänge von 800 m Länge bergen die Weinernten.

🏛 **Burgruine Dürnstein.** Errichtet um die Mitte des 12. Jhs., Saalbau und Kapelle leiten von der hochmittelalterlichen Burg als Zweckbau zum späteren Palasbau über. Im Winter 1192-93 wurde hier der englische König Richard Löwenherz gefangengehalten.

Durch ein Tor Dürnstein verlassen und geradewegs über die Bundesstraße — die Tour verläuft inmitten von Wein- und Marillengärten auf einer schmalen Straße dahin.

Im Frühling, wenn tausende Obstbäume in weißer Pracht erblühen, wird die Radtour durch die Wachau zu einem besonderen Erlebnis.

Am Franzosendenkmal aus dem Jahr 1805 vorbeifahren und dem Straßenverlauf nach rechts folgen — gleich darauf nach links in die Weingärten abbiegen.

Unterloiben

In **Unterloiben** links an der Kirche vorbei — hinter dem Ort bei einem größeren Weingut wieder auf die Hauptstraße und hier am Radweg weiter — eine Tafel verkündet offiziell das Ende der Wachau — bei **Förthof** entfernt sich die Route von der Straße und führt zur Auffahrt der Mauterner Donaubrücke — die Route bleibt am Nordufer und erreicht **Stein an der Donau** — auf einer Nebenfahrbahn der Donaustraße am Ort vorbei.

Tipp: Die verlockende Steiner Landstraße hinter dem Linzer Tor ist nur aus der Gegenrichtung befahrbar, Sie steigen daher besser aus dem Sattel und wandern durch die romantischen Gassen.

Stein a. d. Donau
PLZ: 3504; Vorwahl: 02732

🄸 Austropa Verkehrsbüro, Undstr. 6, ✆ 82676.

🄖 **Pfarrkirche St. Nikolaus**, Steiner Landstr. Die heutige dreischiffige Staffelkirche mit Langchor ist ein Werk des 15. Jh. Trotz einer Regotisierung 1901 blieben Deckenfresko und Altarbilder von Martin Johann (Kremser) Schmid erhalten.

🄖 **Minoritenkirche**, Minoritenpl. Die dreischiffige Pfeilerbasilika zählt zu den frühesten Wölbebauten der deutschen Bettelorden (1264). Bedeutsam sind die Fresken aus dem 14. Jh., darunter eine Muttergottes mit Stiftern. Die Kirche dient heute als Ausstellungsort moderner Kunstprojekte.

🄖 **Ehem. Frauenbergkirche**, über der Pfarre St. Nikolaus. Errichtet 1380, im Turmraum spannt sich ein mächtiges Kreuzrippengewölbe. Seit 1963 Kriegergedächtnisstätte.

✳ **Steiner Landstraße.** Der gut erhaltene alte Häuserbestand und die eingeschobenen Plätzchen mit barocken Statuen und Säulen verleihen der Straße einen seltenen Reiz.

Nach Stein geht die **Donauuferstraße** in eine größere Straße mit beidseitigen Radwegen über, die geradeaus nach Krems führen — nach der Bahnunterführung geht es auf der **Ringstraße** an der Jugendherberge vorbei — nach dem **Stadtpark** links in die **Utzstraße**, die über den **Südtiroler Platz** zur Fußgängerzone führt — durch die **Obere Landstraße** zum Fluss Krems und rechtsherum zum Bahnhof Krems.

Krems siehe S. 10 u. S. 11

Tipp: Diese und weitere Touren in diesem Gebiet finden Sie auch in unserem *bikeline*-Radtourenbuch Radatlas Waldviertel.

Tour 3 Ins Herz des Kamptals   44 km

Länge: 44 km
Start: Krems
Ziel: Gars
Wegbeschaffenheit: asphaltierte Radwege; Landes- und Nebenstraßen
Verkehr: zwischen Krems und Langenlois
streckenweiser Ausflugsverkehr möglich
Beschilderung: Weinviertelweg, Kamptalweg
Hinweis: familienfreundlich

Krems   siehe S. 10 u. S. 11

Von Krems nach Langenlois   21 km

Die Tour beginnt am **Bahnhof** von Krems nach rechts dem die **Ringstraße** begleitenden Radweg folgen — bis zum Möbelhaus entlang der Bundesstraße 35 — an der Hafenstraße nach rechts — hinter den Bahngeleisen an der **Weinzierlstraße** nach links — die Schilder nach Maissau weisen bis **Rohrendorf** den richtigen Weg.

Rohrendorf

Bei der Abzweigung am Ortsende der Radmarkierung Richtung Grafenegg folgen — am Ortsende von **Stratzdorf** nach links abzweigen — an der ersten Gabelung nach dem Ort geht es, um einen Schotterteich herum, nach rechts Richtung Grafenegg.

Grafenegg

🛈 **Schloss Grafenegg**, 10 km östlich, ✆ 02735/2205-22, ÖZ: Di, Do 13-17 Uhr, Sa, So, Fei 10-17 Uhr. Der bedeutendste Schlossbau der Romanik in Österreich, umgeben von einem Englischen Garten.

Ab Grafenegg den Schildern des Kamptalweges folgen — in **Sittendorf** zweimal so rechts wie möglich halten — nach 500 Metern über die Brücke über den Mühlkamp nach **Etsdorf** — beim Gasthof nach links — ein Radweg kürzt den Weg durch die Ortschaft ab — nach etwa 600 Metern in **Diendorf** vor Erreichen der Hauptdurchfahrtsstraße von **Walkersdorf** nach links abbiegen — bevor die Straße einen Linksbogen beschreibt, rechts ab — durch die Bahnunterführung nach Hadersdorf — zwischen den Wohnhäusern weist ein Schild nach rechts, Richtung Langenlois — dem folgend zum historischen Marktplatz mit seiner Pfarrkirche und dem gotischen Karner.

Hadersdorf

PLZ: 3493; Vorwahl: 02735

🛈 **Gemeindeamt**, Landsknechtpl. 1, ✆ 2309-0

Den Marktplatz umrunden und ihn beim

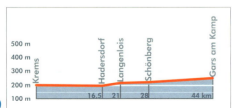

Gasthof „Zum goldenen Engel" verlassen ↷ in die erste Straße nach links einbiegen ↷ nach Querung der B 35 geht es an der darauffolgenden Abzweigung nach links weiter.

Gobelsburg

An der Kreuzung beim Gasthaus in **Gobelsburg** geht es rechtsherum nach Langenlois nach Unterquerung der Schnellstraße auf eine stärker befahrene Straße gleich nach dem Sportplatz in die **Franz-Josefs-Straße**, nach rechts abbiegen ↷ links auf den Kaiser-Josef-Platz ↷ links über den Loisbach auf den Kornplatz von Langenlois.

Langenlois

PLZ: 3550; Vorwahl: 02734

- **Tourismusverein im Ursinhaus**, Kamptalstr. 3, ✆ 2000
- **Heimatmuseum**, Rathausstr. 9, ✆ 2101-10, ÖZ: Ostern bis Allerheiligen, Di-So 10-12 Uhr oder nach Voranm. In 13 Räumen können Sie sich über Weinbau, Volkskunde und Prähistorik in Langenlois und Umgebung anhand von 7000 Exponaten informieren.
- **Kellerführungen mit Weinverkostung**, Anmeldung im Ursinhaus.
- **Loisium – Weinvisionen Langenlois**, Walterstr. 4, ✆ 32240, ÖZ: tägl. 9-19 Uhr. Das Loisium informiert über Entstehung, Produktion, Geschichte, usw. von Wein. Außerdem gibt es ein Cafe, eine Vinothek sowie einen Shop; zusätzlich werden Weinverkostungen angeboten.

Von Langenlois nach Gars — 23 km

Vom Kornplatz den Schildern des Kamptalweges nach Schönberg folgen ↷ nach Querung der Bahnlinie erst an der dritten Kreuzung links abbiegen ↷ auf der **Haindorfer Straße** aus Langenlois hinaus ↷ bei der kommenden Weggabelung links nach Zöbing ↷ hinter dem Bahnübergang auf der

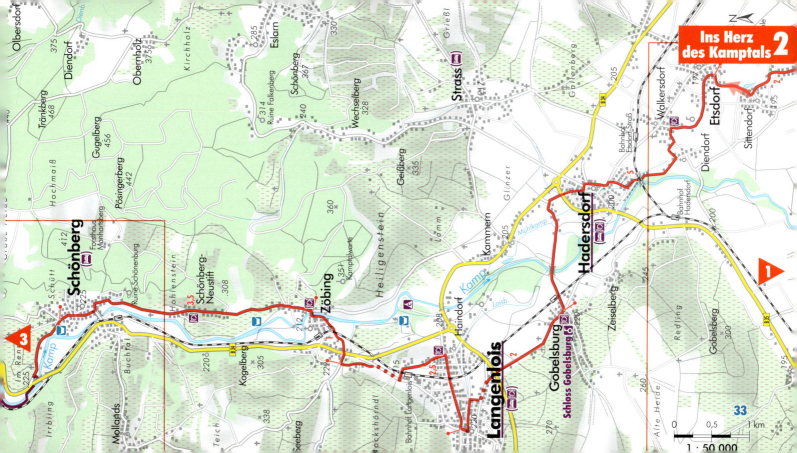

verkehrsreichen Straße rund 400 Meter nordwärts — beim Bildstock links abbiegen — an der Querstraße nach 400 Metern nach rechts — nach Querung der Bundesstraße 34 schlängelt sich die Tour bis zur ruhigen Ortsdurchfahrtsstraße von **Zöbing**.

Zöbing

Dort nach rechts und über die Bahn — die Hauptstraße beschreibt einen Linksbogen, hier aber geradeaus bis zum Ufer des Kamp — über die Brücke den Fluss queren — direkt unter dem Gasthof „Zur schönen Aussicht" der **Dr.-Hiesinger-Straße** nach links folgen — weiter zu den Häusern, die zu **Schönberg-Neustift** gehören — auf etwa einem Kilometer Länge vorbei an den Häusern.

Schönberg am Kamp

PLZ: 3562; Vorwahl: 02733

🛈 Kultur- und Tourismuszentrum „Alte Schmiede", Hauptstr. 36, ✆ 76476, ÖZ: Mo-Fr 11-18 Uhr, Sa,So,Fei 10-18 Uhr, 1.Dezemberwochenende-letztes Wochenende vor Ostern, Sa/So 11-18 Uhr.

⛪ Pfarrkirche, Kalvarienberg

🏛 „Alte Schmiede", Hauptstr. 36, ✆ 76476, ÖZ: siehe oben.

Im idyllischen Kamptal

Die „Alte Schmiede" bietet eine Vinothek, ein Sommerfrische-Museum, Ausstellungen, eine Schauschmiede,...

Nach Schönberg erstmals auf die andere Talseite hinüber — die Bundesstraße unter- und den Kamp überqueren — hinter dem Bahnübergang befindet sich die Ortschaft **Stiefern** — hinter Stiefern senkt sich der Weg sanft zum Ufer hinab — der Flusslehrpfad geleitet nun bis **Oberplank**.

In Oberplank kurzzeitig auf die Straße nach Tautendorf — nach knapp 300 Metern rechts auf einen kleinen Weg abzweigen — immer diesseits des Flusses geht es bis kurz vor **Buchberg** — hier über die Brücke ans andere Ufer — auf dem Radweg neben der Bundesstraße Richtung Gars weiter — bei **Thunau** links ab und den Kamp und die Bahn überqueren — unterhalb der Babenbergerruine wieder ans andere Ufer — dann den Straßenverlauf folgend ins Zentrum von Gars.

Gars am Kamp

PLZ: 3571; Vorwahl: 02985

🛈 Informationsbüro für Kultur und Tourismus, Hauptpl. 83, ✆ 2680.

🏛 „Zeitbrücke — Museum", Kollergasse 155, ÖZ: nach Anfrage im Informationsbüro. Grabungsdokumentationen, Babenberger, Handel im Wandel, Franz von Suppé.

🏰 Babenbergerruine, freier Zugang.

⛪ St. Gertrud, romanische Pfarrkirche, Besichtigungen im Rahmen von Ortsführungen.

🏛 Ausgrabungen-Schanzberg — Thunau, freier Zugang.

Tipp: Weitere Touren dieses Gebietes befinden sich im *bikeline*-Radtourenbuch Radatlas Waldviertel und in der *cycline*-Radkarte Kamptal.

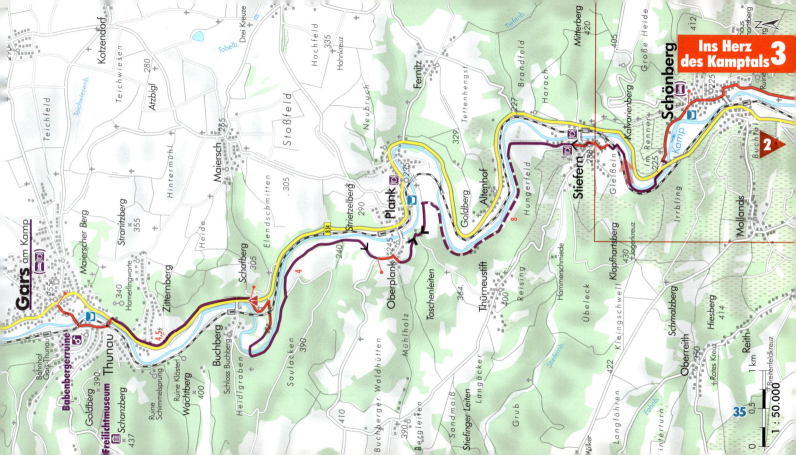

Tour 4 Traisental-Radweg 48 km

Länge: 48 km
Start: Donauradweg
Ziel: Lilienfeld
Wegbeschaffenheit: unbefestigte und fast durchgehend asphaltierte Uferwege; Nebenstraßen

Verkehr: keine Beeinträchtigungen
Beschilderung: Traisentalweg
Hinweis: familienfreundlich

Im Saurierpark Traismauer

Vom **Donauradweg** zweigt der **Traisental-Radweg** nach Süden ab — den Donauradweg mit Hilfe der Schilder zum **Dinosaurierpark** verlassen — kurz vor der Traisen rechts ab — bis Traismauer geht es nun rechts des Flusses dahin — an der Bundesstraße das Ufer wechseln — neben der Traisen geht es nach Traismauer.

Traismauer
PLZ: 3133; Vorwahl: 02783

🛈 **Informationsstelle**, Schloss, ✆ 8555.

🏛 **NÖ. Landesmuseum für Frühgeschichte**, Hauptpl. 1, ✆ 8555, ÖZ: April-Okt., Di-So 9-17 Uhr. Dokumentation des ersten nachchristlichen Jahrtausends durch archäologische Funde.

🏛 **Saurierpark**, Traisenaue nördl. der Stadt, ✆ 20020, ÖZ: 23. März-1. Nov., tägl. 9-18 Uhr. Auf einem 2,5 ha großen, naturnahen Gelände werden naturgetreue Nachbildungen der mächtigsten und bekanntesten (fossilen) Tiere der Erde gezeigt.

⛪ **Pfarrkirche hl. Rupert**, Kirchenpl. Vom spätromanischen Bau (13. Jh.) stammen Mauern im Langhaus, Turm und Chor, die spätgotische Erneuerung (Ende 15. Jh.) ließ ein Netzrippengewölbe entstehen.

🏰 **Schloss**, Hauptpl. Erwähnung findet die ursprüngliche Burg bereits im Nibelungenlied, Verwaltungssitz der Salzburger Erzbischöfe und im 16. Jh. umgestaltet, erhielt es damals die Hoflauben mit gedrücktem Bogen. April-Okt. „Kultursommer Traismauer".

Von Traismauer nach St. Pölten 22 km

Die nächsten 4 Kilometer am linken Ufer — kurz vor **Einöd** wieder auf die andere Seite

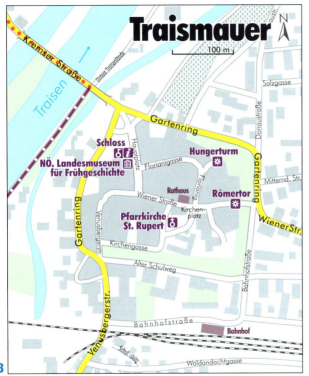

Herzogenburg liegt nun zur Rechten, Wegweiser geben das Geleit in die Stadt hinein.

Herzogenburg
PLZ: 3130; Vorwahl: 02782

- **Tourismusbüro-Information**, Rathauspl. 22, ✆ 83321.
- **Augustiner-Chorherrenstift**, ✆ 83113, ÖZ: nach tel. Voranmeldung. Schatzkammer und barocker Bildersaal sind nicht die einzigen Sehenswürdigkeiten die von Meistern wie Josef Munggenast und Fischer von Erlach gestaltet wurden.

Der Traisentalweg bleibt weiterhin am Ufer der Traisen – nach St. Pölten sind es noch rund 10 Kilometer – etwa auf halben Weg liegt **Pottenbrunn**.

Tipp: In Pottenbrunn können Sie das sehenswerte Zinnfigurenmuseum im Schloss besichtigen.

Durch St. Pölten führt der Weg immer rechts des Flusses auf der **Traisenpromenade** dahin.

St. Pölten
PLZ: 3100; Vorwahl: 02742

Stift Herzogenburg

- **Informationsstelle für Tourismus**, Rathauspl. 1, ✆ 353354.
- **Stadtmuseum im Karmeliterhof**, ✆ 333-2643, ÖZ: Di-Sa 10-17 Uhr, So 9-12 Uhr.
- **Diözesanmuseum im ehemaligen Chorherrenstift**, ÖZ: April-Okt., Di-Fr 10-12 Uhr und 14-17 Uhr, Sa/So/Fei 10-13 Uhr.

Im Regierungsviertel

🏛 **NÖ Landesmuseum,** Franz Schubert-Platz 5, ÖZ: Di-So 10-18 Uhr.
⛪ **Franziskaner-(Karmeliter-)kirche,** Rathauspl., mit Altarbildern von Martin Johann Schmidt („Kremser Schmidt").
✳ **Regierungsviertel**

Tipp: Weitere Touren in diesem Gebiet finden Sie im *bikeline*-Radtourenbuch Radatlas Mostviertel.

Von St. Pölten nach Lilienfeld — 26 km

Bis nach Wilhelmsburg weiter am rechten Ufer der Traisen.

Wilhelmsburg

Bei Wilhelmsburg den Fluss kurzfristig verlassen

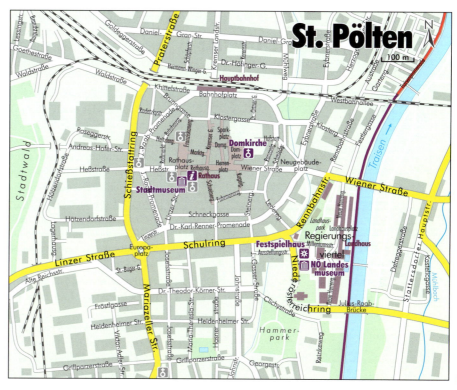

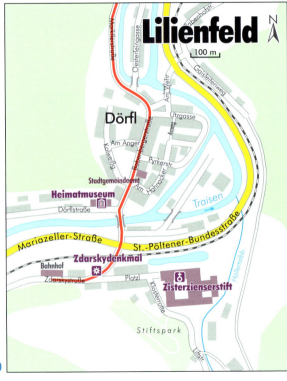

und durch die Ortsmitte fahren → vor dem Libro links einbiegen → über die Traisen → zwischen Bahngleisen und Fluss zum **Bahnhof Traisen** → an der Bahnbrücke rechts halten → über die Rad- und Fußgängerbrücke → entlang des Sportplatzes nach Traisen hinein.

Traisen

Die grün-weißen Schilder des Traisental-Radweges sowie die weißen Bodenmarkierungen weisen den Weg aus Traisen → bei den Aluminiumwerken in **Marktl** ans andere Ufer wechseln → Vorsicht beim anschließenden Queren der Bundesstraße → parallel zur Bundesstraße weiter nach Lilienfeld → wenn der Traisentalweg nach rechts in die **Dörflstraße** weist ist jenseits der Straße der Zielpunkt der Tour, das Stift Lilienfeld, zu sehen.

Lilienfeld

PLZ: 3180; Vorwahl: 02762

Stadtgemeinde, Dörflstraße 4, ✆ 52212-13.

Heimatmuseum, Babenbergerstr. 3, ✆ 52478 bzw. ✆ 52212-13, ÖZ: Do 17-19 Uhr, Sa 15-17 Uhr, So 9.30-11.30 oder nach Vereinbarung. Das Museum zeigt die Geschichte des Bezirkes; das Zdarsky-Skimuseum ist jedoch der bedeutendste Teil der Ausstellung – Matthias Zdarsky begründete in Lilienfeld den Alpinskilauf.

Zisterzienserstift, gegründet 1202 – größtes mittelalterliches Kloster Österreichs mit zahlreichen baulichen Kostbarkeiten.

Tour 5 Schubert-Radweg　　　　　　　　　　37 km

Länge: 37 km
Start: Traismauer
Ziel: Donauradweg vor Tulln
Wegbeschaffenheit: asphaltierte Fahrwege; ruhige Nebenstraßen

Verkehr: zwischen Michelhausen und Judenau etwas mehr Verkehr
Beschilderung: Schubert-Radweg
Hinweis: familienfreundlich

Traismauer　　　　　　　　　　　Stp. s. S. 38
PLZ: 3133; Vorwahl: 02783
- **Informationsstelle**, Schloss, ✆ 8555.
- **NÖ. Landesmuseum für Frühgeschichte**, Hauptpl. 1, ✆ 8555, ÖZ: April-Okt., Di-So. 9-17 Uhr. Dokumentation des ersten nachchristlichen Jahrtausends durch archäologische Funde.
- **Saurierpark**, Traismaue nördl. der Stadt, ✆ 6170, ÖZ: 23. März -1. Nov., tägl. 9-18 Uhr. Auf einem 2,5 ha großen, naturnahen Gelände werden naturgetreue Nachbildungen der mächtigsten und bekanntesten (fossilen) Tiere der Erde gezeigt.
- **Pfarrkirche hl. Rupert**, Kirchenpl. Vom spätromanischen Bau (13. Jh.) stammen Mauern im Langhaus, Turm und Chor, die spätgotische Erneuerung (Ende 15. Jh.) ließ ein Netzrippengewölbe entstehen.

- **Schloss**, Hauptpl. Erwähnung findet die ursprüngliche Burg bereits im Nibelungenlied, Verwaltungssitz der Salzburger Erzbischöfe und im 16. Jh. umgestaltet, erhielt es damals die Hoflauben mit gedrücktem Bogen. April-Okt. „Kulturzyklus".

Von Traismauer nach Judenau　　　　　31 km
Vom Bahnhof aus geht es auf der Bahn-

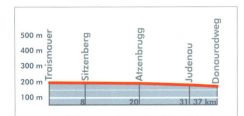

hofstraße vor zur Hauptstraße — dann rechts in die **Mitterndorfer Straße** — in **Stollhofen** bei der Telefonzelle rechts in die Kellergasse — die Bundesstraße und die Bahnlinie queren — nach 2,5 Kilometern die Bahn verlassen — an der Kreuzung mit dem Bildstock den linkesten der Wege nehmen — in **Ahrenberg** bei einer alten Weinpresse nach links — dann geht es rechts ab nach Sitzenberg — in **Sitzenberg** vor den Tennisplätzen nach links in die **Schlossbergstraße**.

Sitzenberg-Reidling
PLZ: 3454; Vorwahl: 02276
- **Gemeindeamt**, Hauptpl. 4, ✆ 2241.
- **Niederösterreichisches Barockmuseum**, Schloss Heiligenkreuz-Gutenbrunn (4 km südl.), ✆ 02782/4097, ÖZ: Apr.-Okt., Di-So 10-17 Uhr. Zu sehen sind barocke Gemälde, Zeichnungen und Plastiken von Künstlern des 17.-18. Jh. wie Paul Troger, F. A. Maulbertsch und Johann Martin (Kremser) Schmidt.
- **Pfarrkirche Heiligenkreuz**, Heiligenkreuz-Gutenbrunn (4 km südl.). Der Weihbischof von Wien ließ 1755-58 das Gotteshaus errichten, dessen großartige Freskenausstattung durch F. A. Maulpertsch die Anlage in die erste Reihe künstlerischer Denkmäler stellt.

- **Schloss Sitzenberg.** Die Anlage stammt aus dem 10. Jh. und erlebte die letzte Umgestaltung um 1920.
- **Schloss Heiligenkreuz,** Heiligenkreuz-Gutenbrunn (4 km südl.). Erbaut 1738 im Stil des Rokoko, bemerkenswert die Mariankapelle mit Fresken Paul Trogers.
- **Ahrenberger Kellergasse.** Das Denkmal „200 Jahre Buschenschank" erinnert an ein Edikt Joseph II. von 1784, das den Weinbauern (nach etwa 800 Jahren Weinbau!) die Ausschank erlaubte.

Sitzenberg verlassen und bei der Stopptafel rechts abzweigen ▬ in **Reidling** rechts halten ▬ auf der Straße „**Am Sandbühel**" weiter ▬ nach Ortsende folgt die Tour der Straße nach Hasendorf ▬ über **Eggendorf** und **Adletzberg** nach **Hasendorf** ▬ hier bei der Vorrangstraße nach links ▬ um die Kapelle herum eine Kellergasse durchqueren ▬ der Weg mündet in die Landstraße ▬ dieser geradeaus folgen.

Als nächstes **Watzendorf** passieren ▬ hinter **Hütteldorf** bei der Weggabelung rechts ab ▬ in **Heiligeneich** nach der Kirche rechts abbiegen ▬ gleich darauf wieder nach rechts und weiter nach **Weinzierl** ▬ vor dem Schlosspark

Schloss Judenau

nach links ▬ in Atzenbrugg immer links halten ▬ vor dem Schloss zweigt der **Schubert-Radweg** rechts ab.

Atzenbrugg
PLZ: 3452; Vorwahl: 02275
- **Gemeindeamt,** Kremser Str. 43, ✆ 5234.
- **Schubertmuseum,** Schloss Atzenbrugg, ✆ 5219 oder 6285. Nach dem Motto „Franz Schubert und sein Freundeskreis" gibt die Schau Auskunft über Leben und Treiben der Schubertianer in Atzenbrugg.

Weiter geht es Richtung Rust ▬ nach Überquerung des Perschlingbaches an der Querstraße rechts halten ▬ in **Rust** bei der zweiten Möglichkeit rechts abbiegen und auf die Kirche zufahren ▬ dort der Hauptstraße nach links folgen.

Michelhausen-Rust
PLZ: 3451; Vorwahl: 02275
- **Leopold-Figl-Museum,** Rust, ✆ 241, ÖZ: gegen Voranmeldung. Der in Rust gebürtige ehemalige österreichische Bundeskanzler brachte 1955 den österreichischen Staatsvertrag zustande.

In Michelhausen über die Bahn und gleich nach links zum Bahnhof ▬ danach rechts zur Hauptstraße abzweigen ▬ diese führt nun bis nach Judenau.

Judenau
PLZ: 3441; Vorwahl: 02274
- **Gemeindeamt,** ✆ 7216
- **Schloss.** Der von einem tiefen Wassergraben umgebene dreiflügelige Renaissance-Bau stammt aus dem 16. Jh.

Auf dem Große-Tulln-Weg über Langenrohr bis kurz vor Tulln, wo der Donauradweg anschließt.

Tipp: Von hier aus können Sie nun am Donauradweg ihre Tour fortsetzen. Nähere Informationen dazu finden Sie entweder unter Tour 1 oder im *bikeline*-Radtourenbuch Donau-Radweg 2.

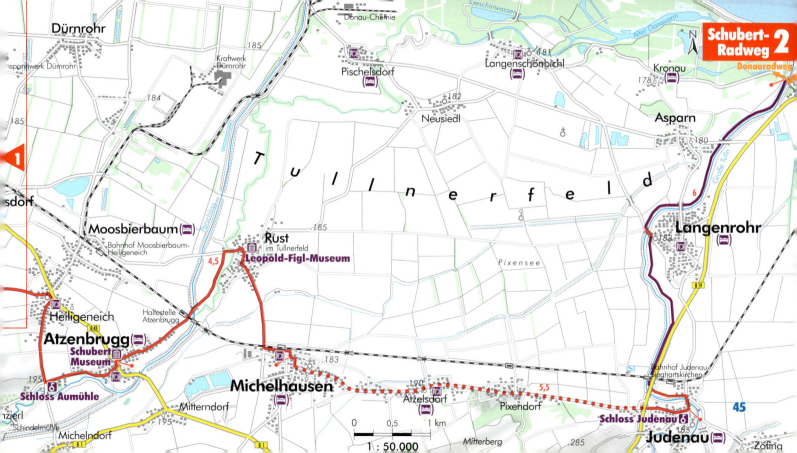

Tour 6 Grosse-Tulln-Weg   27 km

Länge: 27 km
Start: Tulln
Ziel: Neulengbach
Wegbeschaffenheit: asphaltierte Uferwege; ruhige Nebenstraßen
Verkehr: keine Beeinträchtigungen
Beschilderung: Große-Tulln-Weg
Hinweis: familienfreundlich

Tulln

Tulln   Stp. s. S. 16
PLZ: 3430; Vorwahl: 02272
- **Tourismusverein,** ✆ 65836.
- **Egon-Schiele-Museum,** Donaulände, ✆ 64570, ÖZ: Di-So 10-18 Uhr. Im ehemaligen Stadtgefängnis werden über 100 Originalwerke des Malers gezeigt; Dokumentation über Schieles Leben und seine Zeit.
- **Museen im Minoritenkloster,** Minoritenpl. 1, ✆ 61915, ÖZ: Di-So 10-18 Uhr. Diverse Ausstellungen finden Sie in den verschiedenen Museen: Stadt- und Bezirksmuseum, Römermuseum, Museum für Geologie, Museum für Stadtarchäologie, Niederösterreichisches Feuerwehrmuseum.
- **Pfarrkirche St. Stephan,** Wiener Str. Von der dreischiffigen Pfeilerbasilika aus dem 12. Jh. ist das besonders sehenswerte West-Portal noch rein romanisch erhalten; die wertvollsten Stücke der Einrichtung kommen aus aufgelassenen Klöstern wie z.B. der Kartause Gaming.
- **Karner - Dreikönigskapelle,** nebst St. Stephan. Das schönste und reichste österreichische Beispiel dieses Bautypus vereint spätromanische mit frühgotischen Elementen (13. Jh.).
- **Minoritenkirche,** Minoritenplatz. Die Klosterkirche entstand 1732-39 und bietet eine sehenswerte stilistische Einheitlichkeit des Innenraumes sowie qualitätsvolle Altarplastiken. Neben der unterirdischen barocken Gruft befindet sich auch eine Einsiedelei, deren Wände mit Muscheln, Steinen und Knochen verziert sind.
- **Römerturm** an der Donaulände. Der Flankenturm des römischen Reiterlagers Comagna ist eines der ältesten (intakten) Gebäude Österreichs.

Von Tulln nach Neulengbach   27 km

Die Tour kann vom Bahnhof Tulln-Stadt oder vom Donauradweg aus in Angriff genommen werden — bei der Querung des Donauradwegs mit der Großen Tulln zweigt

der Weg nach Süden ab → rechts des Flusses bis nach **Langenrohr** → dort ans andere Ufer und weiter bis nach Judenau → bei der Vorrangstraße liegt das Zentrum von Judenau zur Rechten → für die Weiterfahrt geht es jedoch geradeaus weiter.

Judenau
PLZ: 3441; Vorwahl: 02274
- Gemeindeamt, ✆ 7216
- Schloss. Der von einem tiefen Wassergraben umgebene dreiflügelige Renaissance-Bau stammt aus dem 16. Jh.

Hinter Judenau neben der Kleinen Tulln bis nach **Henzing** → dort das Flüsschen queren → über **Ranzelsdorf** und **Abstetten** nach Dietersdorf → in **Dietersdorf** bei der Kapelle nach rechts wenden → am gegenüberliegenden Flussufer weiter gen Süden → beim Sägewerk abermals ans andere Ufer → in **Siegersdorf** abermals ans westliche Ufer.

Asperhofen bleibt rechter Hand liegen → das Wehr und später einen Seitenarm der Tulln queren → auf der Höhe von **Gra-**

Neulengbach

bensee wiederum den Fluss queren → über **Emmersdorf** geht es nach Neulengbach → bei den ersten Häusern von Neulengbach den Anzbach überqueren → an der folgenden Kreuzung weist das Schild nach rechts in die **Kirchfeldstraße** → diese geht an der Großen Tulln in die **Uferstraße** über → auf der **Schulgasse** und über den steil ansteigenden **Franziskanerweg** geht es ins Zentrum von Neulengbach.

Neulengbach
PLZ: 3040; Vorwahl: 02772
- Gemeindeamt, ✆ 52105
- Pfarrkirche Hl. Dreifaltigkeit, die 1623-27 erbaute Kirche besitzt drei Rokokoaltäre mit Bildern von Martin Johann („Kremser") Schmidt.
- Schloss Neulengbach. Die Burg wurde im 12. Jh. von den Lengenbachern auf einem freistehenden Hügel errichtet und im 16. Jh. ausgebaut. Sehenswert ist der Renaissance-Arkadenhof mit dem prächtigem Brunnen.

Tour 7 Zum Heldenberg 28 km

Länge: 28 km
Start: Tulln
Ziel: Heldenberg
Wegbeschaffenheit: ruhige Landes- und Nebenstraßen

Verkehr: an Wochenenden einige Beeinträchtigungen möglich
Beschilderung: Heldenbergweg

Schloss Wetzdorf

Tulln (Stadtplan S. 16)
PLZ: 3430; Vorwahl: 02272
- **Tourismusverein**, ✆ 65836.
- **Egon-Schiele-Museum**, Donaulände, ✆ 64570, ÖZ: Di-So 10-18 Uhr. Im ehemaligen Stadtgefängnis werden über 100 Originalwerke des Malers gezeigt; Dokumentation über Schieles Leben und seine Zeit.
- **Museen im Minoritenkloster**, Minoritenpl. 1, ✆ 61915, ÖZ: Di-So 10-18 Uhr. Diverse Ausstellungen finden Sie in den verschiedenen Museen: Stadt- und Bezirksmuseum, Römermuseum, Museum für Geologie, Museum für Stadtarchäologie, Niederösterreichisches Feuerwehrmuseum.
- **Pfarrkirche St. Stephan**, Wiener Str. Von der dreischiffigen Pfeilerbasilika aus dem 12. Jh. ist das besonders sehesehenswerte West-Portal noch rein romanisch erhalten; die wertvollsten Stücke der Einrichtung kommen aus aufgelassenen Klöstern wie z.B. der Kartause Gaming.
- **Karner - Dreikönigskapelle**, nebst St. Stephan. Das schönste und reichste österreichische Beispiel dieses Bautyps vereint spätromanische mit frühgotische Elemente (13. Jh.).
- **Minoritenkirche**, Minoritenplatz. Die Klosterkirche entstand 1732-39 und bietet eine sehenswerte stilistische Einheitlichkeit des Innenraumes sowie qualitätsvolle Altarplastiken. Neben der unterirdischen barocken Gruft befindet sich auch eine Einsiedelei, deren Wände mit Muscheln, Steinen und Knochen verziert sind.
- **Römerturm an der Donaulände.** Der Flankenturm des römischen Reiterlagers Comagna ist eines der ältesten (intakten) Gebäude Österreichs.

Von Tulln zum Heldenberg 28 km

Die Tour kann vom **Bahnhof** Tulln-Stadt oder vom Donauradweg aus in Angriff genommen werden — auf der **Brückenstraße** über die Donau — am Brückenende geht es in einer Rechtskurve hinunter und unter der Brücke hindurch — an der nächsten Gabelung den

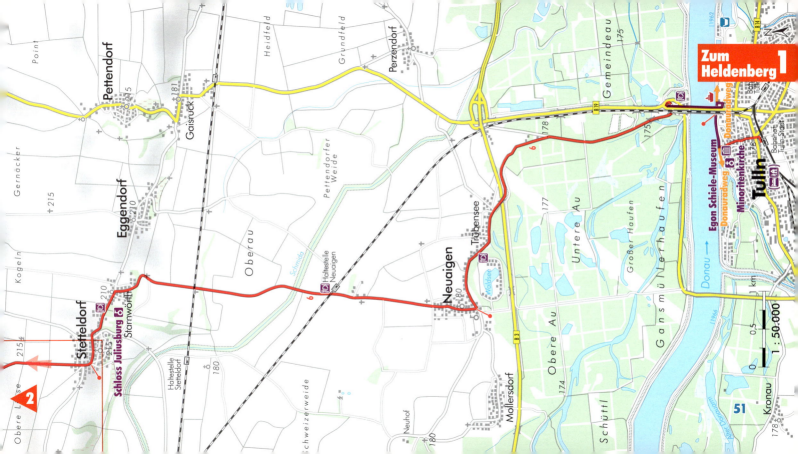

Schildern nach links Richtung Neuaigen folgen — über **Trübensee** nach **Neuaigen** — von Neuaigen über Starnwörth nach Stetteldorf.

Stetteldorf

PLZ: 3463; Vorwahl: 02278

- ℹ **Marktgemeindeamt**, ✆ 2304.
- 🏰 **Schloss Juliusburg**. Die Renaissancefassade des Schlosses, von Lukas von Hildebrandt, kann nur vom Park aus besichtigt werden.
- ✱ **Haarhütten**. Flache, kellerartige Gebäude, in denen früher die Flachshaarbündel gelagert wurden.

In Kurven den Ort durchqueren und nach rechts Richtung Tiefenthal verlassen — in **Tiefenthal** schlägt die Route einen Haken nach links — an der Brücke nach dem Ortsende nach rechts Richtung Großweikersdorf.

Grossweikersdorf

PLZ: 3701; Vorwahl: 02965

- ℹ **Gemeindeamt**, Hauptstr. 1, ✆ 70204-0

Großweikersdorf geradeaus auf der **Hollabrunner Straße** durchfahren — hinter dem Ort erst bei der zweiten Abzweigung nach links abbiegen — der Wegweiser nach Großwetzdorf weist den Weg — in Grosswetzdorf die

Schmida überqueren — nach der Querung der Bundesstraße 4 ist der Heldenberg nur mehr einen Kilometer entfernt.

Kleinwetzdorf

- 🏰 **Schloss Wetzdorf**, sehr hübsches in Gelb gehaltenes Schloss mit einem ruhigen Gastgarten (Mo, Di Ruhetag) und Museum.
- ✱ **Heldenberg**, das österreichische Walhalla, ein kurioses Denkmal für die „Helden" der Kaiserzeit.

Der **Heldenberg** ist ein österreichisches Walhalla der „Helden" der Kaiserzeit. Ein Denkmal ganz besonderer Art stellt das Areal auf dem Heldenberg dar, das von Josef Gottfried Pargfrieder, einem schwerreichen Armeelieferanten, errichtet wurde. Die Herkunft dieses Mannes, dem es ein Bedürfnis war, der österreichischen Armee ein Monument zu setzen, ist nicht geklärt. Es wird gemunkelt, er wäre ein unehelicher Sohn Kaiser Josephs II. Nichtsdestotrotz, er hatte Geld und kaufte noch zu Feldmarschall Radetzkys Lebzeiten dessen Leichnam auf, um diesen auf seinem Heldenberg zu begraben. Und er war außerdem Geschäftsmann und wusste es zu nutzen, dass der Kaiser seinen Feldmarschall selbst in der Kapuzinergruft bestatten wollte. Aber nachdem Kaiser Franz Joseph nicht bereit war, die Summe von einer Million Gulden für Radetzky samt Heldenberg zu berappen, tauschte Pargfrieder seinen Besitz kurzer Hand gegen den Ritterstand und das Komturkreuz des Franz-Joseph-Orden aus.

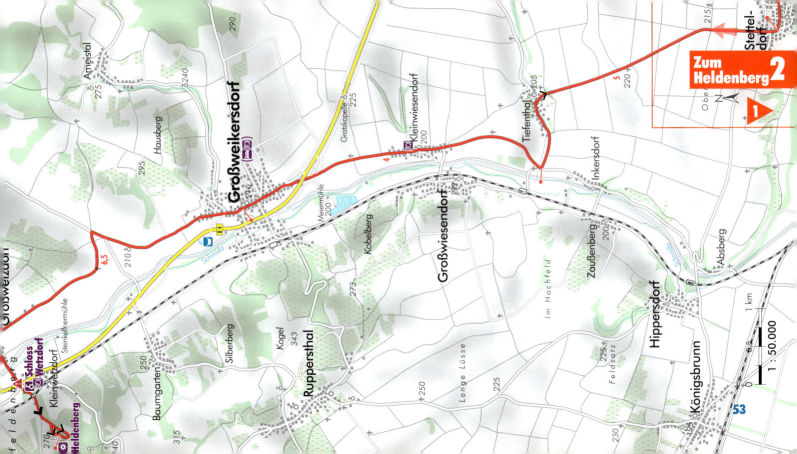

Tour 8 Wünschelrouten-Radweg   16 km

Länge: 16 km
Start und Ziel: Retz
Wegbeschaffenheit: asphaltierte und unbefestigte Güterwege; Nebenstraßen

Verkehr: wenig Verkehr
Beschilderung: Wünschelruten-Radweg
Hinweis: familienfreundlich

Mitterretzbach

Retz
PLZ: 2070; Vorwahl: 02942
- **Retzer Land Regionalmanagement**, Althofg. 14, ✆ 20010
- **Informationsbüro**, Hauptplatz 30, ✆ 2700
- **Rathaus.** Das Wahrzeichen der Stadt steht mitten auf einem der schönsten Marktplätze von Österreich.
- **Sgraffitohaus.** Das „bemalte Haus" wurde nach Art der italienischen Fassadenmalerei gestaltet.
- **Verderberhaus.** Italienische Baumeister schufen im 16. Jh. dieses Bürgerhaus im venezianischen Stil.
- **Windmühle**, Kalvarienberg 1.
- **Historische Weinkeller.** ✆ 2700, ÖZ: Führungen vom 1. Mai bis 31. Okt. tägl. um 10.30 Uhr, 14 Uhr und 16 Uhr, Nov. bis 31. Dez. und 1. März bis 30. April tägl. um 14 Uhr, Jän. und Feb. gegen Voranmeldung.
- **Weinlehrpfad.** Auf dem etwa 700 Meter langen Lehrpfad durch die Weingärten am Stadtrand werden mittels Tafeln, Figuren und Objekten die Geschichte und Entwicklung des Weinbaus veranschaulicht.

Die Tour um die Orte Ober-, Mitter- und Unterretzbach beginnt am Retzer Hauptplatz auf der **Znaimer Straße** zur **Schussbergmarter** dann nach links und im Zick-Zack Kurs durch die Weingärten nach Oberretzbach.

Oberretzbach
PLZ: 2070; Vorwahl: 02942
- **Gemeindeamt Retzbach**, Unterretzbach 126, ✆ 2513
- **„Heiliger Stein".** Heidnische Kultstätte und ehemaliger Wallfahrtsort.

Von der Straße **Mitterretzbach-Niederfladnitz** nach rechts hinauf zum „**Heiligen Stein**" dann dem Grenzweg über die Grenzstation und die Figurengruppe der **Urlaubsmarter** nach Unterretzbach folgen.

Unterretzbach
PLZ: 2074; Vorwahl: 02942
- **Gemeindeamt Retzbach**, Unterretzbach 126, ✆ 2513
- **Eisenbahnmuseum**, Bahnhof, ✆ 2415-34, ÖZ: Mai bis Sept., So/Fei 14-16 Uhr. Dokumentation der Streckengeschichte der Linien Wien-Znaim und Retz-Drosendorf.

Retz

Von der Pfarrkirche geht es durch die Felder und Weingärten rund um den Retzer Galgenberg wieder zurück nach Retz.

Tipp: Weitere Touren in diesem Gebiet finden Sie in den *bikeline*-Radtourenbüchern Retzer Land/Znaimer Land und im Radatlas Weinviertel sowie in der *cycline*-Radkarte Retzer Land.

Rund um Retz

Tour 9 Fahrt ins Kreuttal   49 km

Länge: 49 km
Start und Ziel: Langenzersdorf
Wegbeschaffenheit: Land- und Nebenstraßen
Verkehr: an Wochenenden einiger Ausflugsverkehr
Beschilderung: teilweise Bernsteinweg

Im Weinviertel

Langenzersdorf
PLZ: 2103; Vorwahl: 02244
- **Gemeindeamt,** Hauptplatz 10, ✆ 2308
- **Anton-Hanak-Museum,** Obere Kircheng. 23, ✆ 2947

Von Langenzersdorf nach Ulrichskirchen   19 km

Vom Bahnhof zur **Klosterneuburger Straße** stadteinwärts bis zur ampelgeregelten

Kreuzung — in die Hauptstraße nach links einbiegen — hier auf den rechtsseitigen Radweg, der durch Langenzersdorf führt — an der nächsten Ampel beim Gasthof Gruber nach rechts und durch **Bisamberg** — hier dem **Bernsteinweg** bis **Hagenbrunn** folgen — ab Hagenbrunn führt der Weg durch Rapsfelder — die Ortsausfahrt von **Großebersdorf** führt über eine Kellergasse — anschließend ist der „Schmale Berg" zu erklimmen.

Ulrichskirchen
PLZ: 2122; Vorwahl: 02245
- **Marktgemeindeamt,** Kirchenpl. 3, ✆ 2432
- **Himmelkeller,** im Ortsteil Kornberg können Sie ein Ensemble von Presshäusern und Kellergewölben besichtigen.

Von Ulrichskirchen nach Langenzersdorf   30 km

Von Ulrichskirchen bis **Unterolberndorf** ist das Verkehrsaufkommen stärker — hinter Unterolberndorf beginnt die Fahrt durchs **Kreuttal** — der Weg führt eben durch schattigen Wald bis zur Kreuzung vor **Hetzmannsdorf** — hier weiter auf der Strecke nach Süden — hinter **Mollmannsdorf** entlang einer Allee über die Weinorte **Seebarn**, **Stetten** und **Flandorf** wieder in die Bisamberggegend auf dem schon bekannten Weg zurück nach **Langenzersdorf**.

Tour 10 Rund um den Bisamberg 17 km

Länge: 17 km
Start und Ziel: Langenzersdorf
Wegbeschaffenheit: Land- und Nebenstraßen
Verkehr: von Hagenbrunn bis Stammersdorf stärkeres Verkehrsaufkommen, ansonsten eher gering
Beschilderung: keine Beschilderung, von Bisamberg nach Hagenbrunn als Bernsteinweg

Langenzersdorf
PLZ: 2103; Vorwahl: 02244
- Gemeindeamt, Hauptplatz 10, ✆ 2308
- Anton-Hanak-Museum, Obere Kircheng. 23, ✆ 29473, ÖZ: April-Nov., Di 9-12Uhr, Sa,So,Fei 9-12 Uhr und 13.30-18 Uhr. Ausgestellt ist der Nachlass des 1901-23 in Langenzersdorf ansässig gewesenen Bildhauers Anton Hanak.

Von Langenzersdorf nach Langenzersdorf 17 km

Vom Bahnhof zur **Klosterneuburger Straße** — stadteinwärts bis zur ampelgeregelten Kreuzung — in die Hauptstraße nach links einbiegen — hier auf den rechtsseitigen Radweg, der durch Langenzersdorf führt — an der nächsten Ampel beim Gasthof Gruber nach rechts und durch **Bisamberg** — nach einem Kilometer mündet von links der „**Bernsteinweg**" auf die Durchfahrtsstraße — 300 Meter weiter bis zur Kreuzung.

Tipp: Hier haben Sie die Möglichkeit, den Bisamberg mit dem Rad zu erklimmen. Auf einem rund zwei Kilometer langen Anstieg müssen 150 Höhenmeter überwunden werden. Oben angekommen werden Sie für die Mühen mit einem herrlich schattigen Gastgarten belohnt.

An der Kreuzung zweigt ein schmaler alleeartiger Weg nach links ab — auf diesem nach **Klein-Engersdorf** — hier dem Radweg in die erste Straße nach rechts folgen — parallel zur Hauptstraße durch den Ort — wenn die Bebauung wieder beginnt, geht es auf die Hauptstraße — dieser rechts nach **Hagenbrunn** folgen — in die erste Straße beim Sackgassenschild nach links abbiegen — immer links halten bis zur Straße von Königsbrunn nach Hagenbrunn.

Hagenbrunn
In diese nach rechts einbiegen — hinter Hagenbrunn noch 2,5 Kilometer am Fuße des Bisamberges dahin — an der Kreuzung

Kellergasse im Weinviertel

mit dem Parkplatz die Straße nach Stammersdorf nach rechts verlassen — weiter auf einem engen, gepflasterten Weg, vorbei an Weinkellern, hinunter nach **Streberdorf** — beim Bildstock nach rechts in die Straße **Am Bisamberg**.

Nach rund einem Kilometer auf die Straße — dieser geradeaus folgen — an der ersten Weggabelung, seit der Untergrund wieder asphaltiert ist, rechts halten — erst 300 Meter später nach links.

Tipp: Wenn Sie sich hier rechts halten, gelangen Sie direkt zum Hanak-Museum.

Geradeaus weiter wobei einige Querstraßen gekreuzt werden, bis zu den Gleisen — rechter Hand liegt der Bahnhof Langenzersdorf.

Tour 11 Ganz schön im Öl   28 km

Länge: 28 km
Start und Ziel: Gänserndorf
Wegbeschaffenheit: asphaltierte Güterwege und Nebenstraßen

Verkehr: geringes Verkehrsaufkommen
Beschilderung: Bernsteinweg von Matzen nach Prottes

Am Bahnhof in Gänserndorf kann das Bahnhofsgebäude auf beiden Seiten verlassen werden, es geht dann auf der Bahnstraße ins Zentrum hinein.

Gänserndorf
PLZ: 2230; Vorwahl: 02282
- Stadtgemeinde, Rathauspl. 1, ✆ 2651-0
- Pfarrkirche
- Rathaus

Von Gänserndorf nach Matzen   17 km

Auf dem Radweg neben der Hauptstraße bis zur Stopptafel — hier nach links — knapp 200 Meter später nach links in die **Scheunengasse** — auf dem **Bockfließerweg** Gänserndorf verlassen — zwei Kilometer später am Vorrang geben Schild rechts — kurz vor der kleinen Brücke links ab — nach 800 Metern leicht versetzt eine Querstraße kreuzen — bei der kommenden Kreuzung laufen mehrere Straßen auf einen Spitz zusammen — der folgende Doppel-Zickzack beginnt mit der Brückenquerung nach rechts — nach etwa 1,2 Kilometern die Vorrangstraße queren — nun ist es nicht mehr weit nach Auersthal.

Auersthal
Wenn die Straße im Ort nach Raggendorf abzweigt, dem Straßenverlauf weiter folgen — nach 2,5 Kilometern durch **Raggendorf** — die Richtung beibehalten und in stetigem Auf und Ab durch die Ausläufer des Matzener Hügellandes — an der T-Kreuzung beim Hahnkreuz geht die Tour nach rechts auf Matzen zu.

Matzen
PLZ: 2243; Vorwahl: 02289
- Gemeindeamt, Hauptpl. 1, ✆ 2273
- **Schlossmuseum.** In dieser Aussenstelle des Museums für Völkerkunde Wien werden Sonderausstellungen zu völkerkundlichen Regionalthemen und ethnologischen Sachgebieten gezeigt.
- **Schloss Matzen.** Seine heutige romanisch-gotische Form erhielt das Schloss zu Beginn des 19. Jh.

Ölpumpe bei Schönkirchen

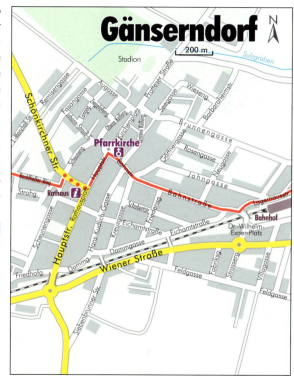

Von Matzen nach Gänserndorf 11 km

Im Ort der Vorrangstraße rechtsherum folgen ~ kurz darauf links abbiegen ~ steil hinauf zur Weinstraße Matzener Hügel und zum Schloss Matzen ~ beim Sportplatz hat die Steigung ihr Ende.

Tipp: Der Rastplatz zur Linken lädt zu einer Verschnaufpause ein.

Weiter auf der **Matzener Hochstraße** und in Folge auf der **Panoramastraße** ~ die Straße führt nun wieder in die Ebene hinab ~ die Tour folgt unten nicht dem Straßenverlauf rechtsherum, sondern behält die Richtung geradeaus in die Ortschaft Prottes bei ~ die Straße beschreibt einen Linksbogen ~ an der Vorrangstraße rechts halten ~ weiter auf der platzartigen Straße.

Tipp: Entlang dieser Straße sind Teile von Ölbohrzubehör ausgestellt.

Prottes
PLZ: 2242; Vorwahl: 02282

- **Gemeindeamt**, Hauptpl. 1, ✆ 2182
- **Freilichtmuseum.** Der Erdöl- und Erdgaslehrpfad zieht sich 4 Kilometer an einer asphaltierten Straße durch Weingärten und Wälder entlang.

Das Erdölzeitalter begann in Österreich im Jahre 1930, als man bei Zistersdorf in 700 Meter Tiefe das erste Ölfeld fand. Das österreichische Erdöl-

Kellergasse im Marchfeld

gebiet erstreckt sich etwa vom Marchfeld bis Zistersdorf und ist eines der größten Europas. Im Jahre 1948 wurde man an der Straße von Prottes nach Matzen in einer Tiefe von 1700 Metern fündig. Die Ausbeutung des **Ölfeldes Matzen** konnte beginnen. Hier finden bis heute etwa drei Viertel der gesamten österreichischen Förderung statt. Diese deckt zirka 10% des Öl- und 25% des Gasverbrauchs. Im ganzen Bundesgebiet wurden bis heute rund 100 Millionen Tonnen Erdöl gewonnen.

Am Amtshaus von Prottes links vorüber — hier noch den Radschildern nach Angern folgen — an der darauffolgenden Gabelung geht es aber geradeaus nach Dörfles.

Dörfles

In Dörfles in die erste Straße, die scharf rechts abzweigt — die nächste Richtungsänderung steht schon bevor — linksherum die Ortschaft verlassen — nach der zweiten Schienenquerung einfach dem Straßenverlauf zum Bahnhof **Gänserndorf** folgen.

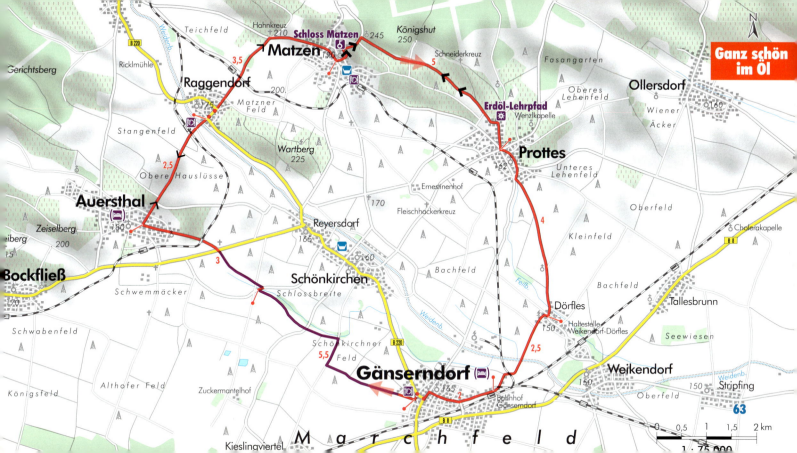

Tour 12 Rund um den Safaripark 27 km

Länge: 27 km
Start und Ziel: Gänserndorf
Wegbeschaffenheit: unbefestigte Güterwege; Nebenstraßen

Verkehr: geringes Verkehrsaufkommen
Beschilderung: keine

Gänserndorf (Stadtplan S. 61)
PLZ: 2230; Vorwahl: 02282
- Stadtgemeindeamt, Rathauspl. 1, ✆ 2651-0
- Pfarrkirche
- Rathaus
- Safari- und Abenteuerpark Gänserndorf, ÖZ: Ostern bis Ende Okt. ganztägig.

Von Gänserndorf nach Obersiebenbrunn 13 km

Vom Bahnhof ausgehend die Kleinstadt Richtung Süden verlassen — ein geschotterter Feldweg führt an einer Schießstätte vorbei — auf asphaltierten Wegen über die **Siedlung Gänserndorf** zum Eingang des **Safariparks**. Vom Parkplatz beim Safaripark die Tour im spitzen Winkel nach rechts fortsetzen — nach 200 Metern die Schilder des Waldlehrpfades ignorieren und links abzweigen — anfangs am Waldrand und dann durch die Felder fahrend ist nach 5 Kilometern Obersiebenbrunn erreicht — entlang der Mauer des Schlossgartens zur Bundesstraße.

Obersiebenbrunn
PLZ: 2283; Vorwahl: 02286
- Gemeindeamt, Hauptpl. 11, ✆ 2218-0
- Pavillion von Prinz Eugen im Schlosspark. Besichtigung jeden 1. So im Monat.

Von Obersiebenbrunn nach Gänserndorf 14 km

An der Kreuzung am Ortsende Richtung **Untersiebenbrunn** abzweigen — 400 Meter später nach links abzweigen — an der Waldlichtung nach 3,5 Kilometern nach links — knapp einen Kilometer darauf an der Weggabelung rechts — am Waldrand und im Wald immer die Richtung beibehalten — 1,5 Kilometer hinter dem **Preußenkreuz** unter der Hochspannungsleitung hindurch — 200 Meter darauf nach links in die Verlängerung der **Feldgasse** einbiegen — über die **Strassergasse** wieder zurück nach **Gänserndorf**.

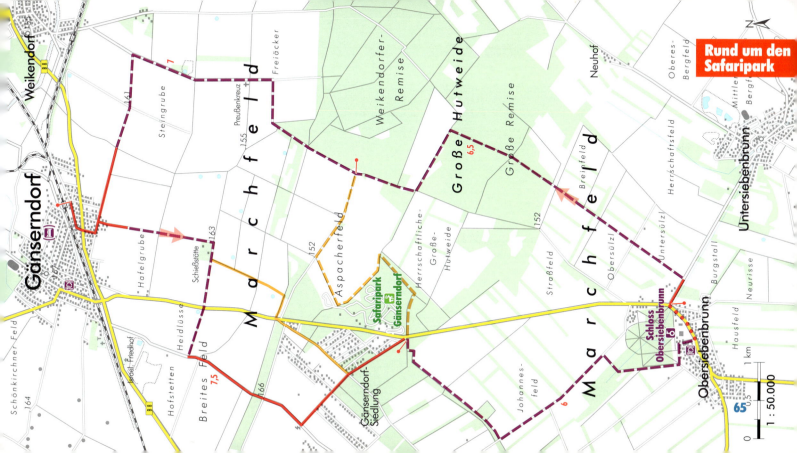

Tour 13 Am Hubertusdamm   39 km

Länge: 39 km
Start: Donauinsel/Ölhafen Lobau
Ziel: Hainburg
Wegbeschaffenheit: asphaltierte und unbefestigte Fahr- und Dammwege

Verkehr: keine Beeinträchtigungen
Beschilderung: Donauradweg
Hinweis: Familienfreundlich

Vom Ölhafen Lobau nach Orth   19 km

Die Fahrt am Hubertusdamm beginnt auf der Donauinsel beim **Ölhafen Lobau** — dort die Raffineriestraße queren — auf der **Lobgrundstraße** durch das OMV-Tanklager — nach passieren des **Donau-Oder-Kanal**s

neben dem **Hubertusdamm** weiter nach Schönau — vor **Schönau** über einen Seitenarm der Donau — auf dem Damm geradeaus durch die Aulandschaft nach Orth an der Donau.

Orth an der Donau
PLZ: 2304; Vorwahl: 02212
- Gemeindeamt, Am Markt 26, ✆ 2208
- Fähre Orth-Haslau, ✆ 2481, Betriebszeiten: April-Okt., tägl. von 9 Uhr bis zur Dämmerung.
- Fischerei- und Donaumuseum, Schloss Orth, ✆ 2555, ÖZ: Mi-Fr 9-12 Uhr u. 13-16 Uhr, Sa,So,Fei 10-17 Uhr.
- Bienenzucht- und Heimatmuseum, Schloss Orth, ✆ 2555, ÖZ: Mi-Fr 9-12 Uhr u. 13-16 Uhr, Sa,So,Fei 10-17 Uhr.
- Schloss Orth, die mittelalterlichen Wasserburg beherbergt heute das Fischerei-, das Donau- und das Heimatmuseum.

Von Orth nach Hainburg   20 km

Nach rund 6,5 Kilometer langer Fahrt auf dem Hubertusdamm ist Eckartsau erreicht.

Eckartsau
PLZ: 2305; Vorwahl: 02214
- Gemeindeamt, Eckartsau 24, ✆ 2208
- Barockschloss Eckartsau, ✆ 2240, ÖZ: Sa,So,Fei 8-16 Uhr,

Führung 11-13 Uhr, wochentags gegen Voranm.

Kurz vor Ende der Fahrt am Damm das Gemeindegebiet von Stopfenreuth durchqueren.

Stopfenreuth
PLZ: 2292; Vorwahl: 02214
- Gemeindeamt Engelhartsstetten, Nr. 144, ✆ 2292
- Pranger am Anger aus dem 16. Jh.
- Forsthaus Stopfenreuth, ✆ 2232, ÖZ: April-Nov. tägl. Aueninformationszentrum mit Heurigem und Radservicestelle.

Über die mächtige Spannbrücke die Donau queren ~ den Radschildern 2,5 Kilometer lang bis zum Bahnhof von Hainburg folgen.

Hainburg
PLZ: 2410; Vorwahl: 02165
- Stadtamt, Hauptpl. 23, ✆ 62111
- Gästeinformationsbüro, Ungarstr. 3, ✆ 62111-23
- Stadtmuseum im Wienertor, ÖZ: Mai-Okt, So/Fei 10-12 u. 14-17 Uhr. Führungen nach Voranmeldung am Stadtamt oder im Gästeinformationsbüro. Stadt- und Urgeschichte, Tabakgeschichte von Hainburg.
- Wienertor. Im 13. Jh. erbaut, wird als eines der künstlerisch bedeutendsten Stadttore Mitteleuropas erwähnt.
- Altstadt. Mit zahlreichen historischen Bürgerhäusern, Stadtmauern und Befestigungsanlagen aus dem 13. Jh., Festungsanlage aus dem 11. Jh.

Tipp: Hainburg ist der Ausgangspunkt von drei auf den folgenden Seiten beschriebenen Touren.

Tipp: Ab hier können Sie nun Ihre Tour entlang des Donauradweges fortsetzen. Nähere Informationen dazu finden Sie im *bikeline*-Radtourenbuch Donau-Radweg 3.

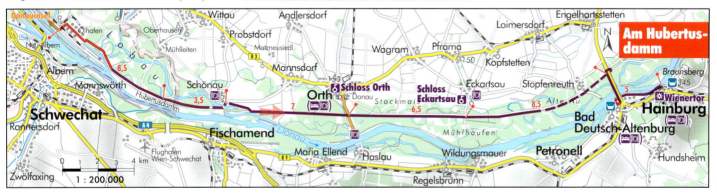

Tour 14 Schlössertour 34 km

Länge: 34 km
Start und Ziel: Hainburg
**Wegbeschaffenheit: unbefestigte Damm-
wege; Nebenstraßen**

**Verkehr: kurzes Stück auf verkehrsreicher
Bundesstraße**
Beschilderung: Schlösserweg

Hainburg
PLZ: 2410; Vorwahl: 02165
- Stadtamt, Hauptpl. 23, ✆ 62111
- Gästeinformationsbüro, Ungarstr. 3, ✆ 62111-23
- Stadtmuseum im Wienertor, ÖZ: Mai-Okt, So/Fei 10-12 u. 14-17 Uhr. Führungen nach Voranmeldung am Stadtamt oder im Gästeinformationsbüro. Stadt- und Urgeschichte, Tabakgeschichte von Hainburg.
- **Wienertor**. Im 13. Jh. erbaut, wird als eines der künstlerisch bedeutendsten Stadttore Mitteleuropas erwähnt.
- **Altstadt**. Mit zahlreichen historischen Bürgerhäusern, Stadtmauern und Befestigungsanlagen aus dem 13. Jh., Festungsanlage aus dem 11. Jh.

Von Hainburg nach Schlosshof 17 km

Tipp: Bei Anreise mit der Bahn müssen Sie in Hainburg bei der Station „Frachtenbahnhof" aussteigen.

Bei der Unterführung durch die Bahn zur Donaulände und weiter zur **Hollitzer Allee** weiter zur **Donaubrücke** am Ende der Donaubrücke den Weg rechts hinunter auf den Damm.

Die Dammkrone erklimmen wenn die Straße den Damm zum ersten Mal quert, links hinunter bei der zweiten Dammquerung der Straße wieder auf den Damm hinauf. Am **Russbach** gibt es zwei Möglichkeiten:

Wiener Tor in Hainburg

entweder mit einem Umweg von einem Kilometer über die Brücke zur Linken, sodass nicht abgestiegen werden muss, oder die kürzere, etwas schwierigere Variante über das Holzbrücklein.

Sie müssen aber auf jeden Fall auf den Damm am gegenüberliegenden Ufer hinauf.

Die Strecke bis Markthof ist aufgrund des geschotterten Weges etwas beschwerlich – es kann auf einen Weg am rechten Fuß des Dammes ausgewichen werden – kurz vor Markthof wieder auf den Damm – in **Markthof** weiter auf Asphalt – der schmalen Straße zum Schlosshof folgen.

Schlosshof

Schloss Schlosshof, ✆ 02285/6580. Prinz Eugen von Savoyen ließ das vierflügelige Schloss zu Beginn des 18. Jhs. zu einem prachtvollen Jagdschloss mit einer kunstvollen Gartenanlage umbauen. Die Anlage wurde maßgeblich von dem berühmten Barockbaumeister Lukas von Hildebrandt geprägt.

Schloss Niederweiden, ✆ 02214/2803. Das Schloss wurde in den Jahren 1693-94 von Johann Bernhard Fischer von Erlach erbaut. 1727 erwarb Prinz Eugen das Schloss, Maria Theresia ließ es erweitern.

Schloss Schlosshof

Schloss Niederweiden

Von Schlosshof nach Hainburg 17 km

Für die Weiterfahrt am Ortsende nach links ➔ knapp 3 Kilometern bis zur Bundesstraße, an der das **Schloss Niederweiden** zur Linken liegt ➔ knapp 2 Kilometer auf der verkehrsreichen Bundesstraße ➔ dann rechts ab nach Engelhartstetten.

Engelhartstetten
PLZ: 2292; Vorwahl: 02214
- **Gemeindeamt**, Engelhartstetten 144, ✆ 2292

An der ersten Kreuzung nach links ➔ die Hauptstraße gleich hinter der Brücke nach rechts verlassen ➔ nach rund 3 Kilometern auf teils holprigen Wegstücken den Schildern in Richtung Stopfenreuth Zentrum linksherum folgen.

Stopfenreuth
PLZ: 2292; Vorwahl: 02214
- **Gemeindeamt Engelhartsstetten**, Nr. 144, ✆ 2292
- **Pranger** am Anger aus dem 16. Jh.
- **Forsthaus Stopfenreuth**, ✆ 2232, ÖZ: April-Nov. tägl. Aueninformationszentrum mit Heurigem und Radservicestelle.

Dem Straßenverlauf folgen und an der T-Kreuzung nach links ➔ am Marchfelddamm angelangt, diesem nach links folgen ➔ unter der Bundesstraße hindurch ➔ dann auf diese hinauf ➔ auf der rechten Brückenseite über die Donau ➔ auf dem schon bekannten Weg zurück nach Hainburg.

Tour 15 Römertour   24 km

Länge: 24 km
Start und Ziel: Hainburg
Wegbeschaffenheit: größtenteils asphaltierte Fahrwege, Landesstraßen
Verkehr: in Bad Deutsch-Altenburg mehr Verkehr möglich
Beschilderung: Römerweg, Verbindungsweg Neusiedlersee-Donauradweg
Hinweis: familienfreundlich

Heidentor

Hainburg
PLZ: 2410; Vorwahl: 02156
- **Stadtamt**, Hauptpl. 23, ✆ 62111
- **Gästeinformationsbüro**, Ungarstr. 3, ✆ 62111-23
- **Stadtmuseum im Wienertor**, ÖZ: Mai-Okt, So/Fei 10-12 u. 14-17 Uhr. Führungen nach Voranmeldung am Stadtamt oder im Gästeinformationsbüro. Stadt- und Urgeschichte, Tabakgeschichte von Hainburg.
- **Wienertor**. Im 13. Jh. erbaut, wird als eines der künstlerisch bedeutendsten Stadttore Mitteleuropas erwähnt.
- **Altstadt**. Mit zahlreichen historischen Bürgerhäusern, Stadtmauern und Befestigungsanlagen aus dem 13. Jh., Festungsanlage aus dem 11. Jh.

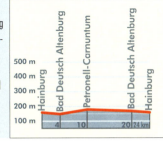

Von Hainburg nach Petronell - Carnuntum   10 km

Tipp: Bei Anreise mit der Bahn müssen Sie in Hainburg bei der Station „Frachtenbahnhof" aussteigen.

Bei der Unterführung durch die Bahn zur Donaulände und weiter zur **Hollitzer Allee** ~ weiter zur Donaubrücke ~ nach Unterquerung der Donaubrücke links zur Straße und rechts auf der Straße bis Bad Deutsch-Altenburg ~ nach Unterquerung der Bundesstraße rechts halten und durch Bad Deutsch Altenburg fahren.

Bad Deutsch Altenburg
PLZ: 2405; Vorwahl: 02165
- **Gemeindeamt**, Erhardgasse 2, ✆ 62900
- **Museum Carnuntium**, Badg. 40-42, ÖZ: Di-So 10-17. Das Museum birgt eine reichaltige Sammlung römischer Provinzialkultur der ersten vier nachchristlichen Jahrhunderte.
- **Pfarrkirche Mariae Empfängnis**. Romanische dreischiffige

Pfeilerbasilika mit angebautem gotischen Chor und frühgotischem Turm aus dem 13.-14 Jh.

Von Bad Deutsch Altenburg auf der alten Bundesstraße nach Petronell-Carnuntum hier von der Hauptstraße rechts zum Schloss und der Palastruine abzweigen.

Petronell - Carnuntum
PLZ: 2404; Vorwahl: 02163

- **Tourismusbüro**, Hauptstr. 3, ✆ 3555-10
- **Römermuseum der Marktgemeinde Petronell**, Hauptstr. 439, ✆ 2780, ÖZ: Mai-Sept., Sa,So,Fei 10-16 Uhr oder gegen Voranmeldung.
- **Graf Abenberg-Traunsche Schloss**. Ursprünglich ein Wasserschloss, das im 17. Jh. von dem bekannten Barockmeister D. Carlone neu errichtet wurde.
- **Archäologischer Park Carnuntum**, Hauptstr. 3, ✆ 3377-0. Der Park ist die größte archäologische Landschaft Österreichs. Er ist in drei Kernzonen aufgeteilt, dem Museumsbezirk, dem Legionslagergrund und der Zivilstadt.
- **Freilichtmuseum Carnuntum**, Park des Schlosses Petronell, ÖZ: März bis Okt., Mo-Fr 9-17 Uhr, Sa/So 9-18 Uhr. Ausgrabungen eines Teiles der römischen Zivilstadt Carnuntum. Zu sehen sind unter anderem Fundamente mehrerer Geschäfts- und Lagerhäuser, Arkadengänge oder Ziegel- und Mosaik-

Römische Ausgrabungsstätte Carnuntum

fußböden.
- **Amphitheater**. Das gut erhaltene Amphitheater des römischen Militärlagers bot Platz für 13000 Personen.
- **Heidentor**. Ruine eines ursprünglich viertorigen Baus aus dem Anfang des 14. Jhs.

Von Petronell - Carnuntum nach Hainburg   14 km

Für die Weiterfahrt in Petronell der Straße Richtung Bruck an der Leitha zuwenden nach etwa 300 Metern weist ein Schild nach rechts zum **Heidentor**.

Dort nach links und bis zur Hauptstraße fahren auf einem anfangs unbefestigten Fahrweg geht es parallel zur neuen Bundesstraße wieder Richtung Hainburg nach Unterquerung der Bundestraße und der Bahn ist wieder **Bad Deutsch Altenburg** erreicht.

Von hier aus auf bereits bekanntem Weg zurück nach Hainburg.

Tipp: In Bad Deutsch Altenburg können Sie noch einen Abstecher zur Pfarrkirche Mariae Empfängnis machen.

Tour 16 Um die Hundsheimer Berge   38 km

Länge: 38 km
Start und Ziel: Hainburg
Wegbeschaffenheit: asphaltierte Radwege, unbefestigte Feldwege, Landesstraßen
Verkehr: in Wolfsthal starker Verkehr, ansonsten kaum Beeinträchtigungen
Beschilderung: Donauradweg, Hundsheimer-Berge-Weg, Verbindungsweg Neusiedlersee-Donauradweg

Donau und Hainburg vom Braunsberg aus

Hainburg

PLZ: 2410; Vorwahl: 02156

- **Stadtamt,** Hauptpl. 23, ☎ 62111
- **Gästeinformationsbüro,** Ungarstr. 3, ☎ 62111-23
- **Stadtmuseum im Wienertor,** ÖZ: Mai-Okt, So/Fei 10-12 u. 14-17 Uhr. Führungen nach Voranmeldung am Stadtamt oder im Gästeinformationsbüro. Stadt- und Urgeschichte, Tabakgeschichte von Hainburg.
- **Wienertor.** Im 13. Jh. erbaut, wird als eines der künstlerisch bedeutendsten Stadttore Mitteleuropas erwähnt.
- **Altstadt.** Mit zahlreichen historischen Bürgerhäusern, Stadtmauern und Befestigungsanlagen aus dem 13. Jh., Festungsanlage aus dem 11. Jh.

Von Hainburg nach Edelsthal   19 km

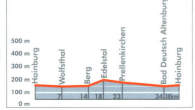

Die Tour von Hainburg bis nach Wolfsthal folgt dem beschilderten Donauradweg — dieser verläuft meist entlang der Bahn — kurz vor Wolfsthal links in die Donauauen — von hinten nach Wolfsthal hinein an der Bundesstraße links.

Wolfsthal

PLZ: 2412; Vorwahl: 02165

- **Gemeindeamt,** Hauptstr. 42, ☎ 62676
- **Schloss Walterskirchen,** in Privatbesitz befindliches Schloss aus dem 17. Jh.
- **Ruine Pottenbrunn,** an der Straße nach Berg.

Am Ortsende beginnt linker Hand der Radweg, der bis zum Zollamt führt — beim Zollamt rechts nach Berg — die **Wolfsthaler Straße** queren und geradeaus nach **Berg** hineinradeln.

Wenn die Straße gegen Ortsende eine Linkskurve beschreibt, geradeaus weiter mitten im Feld taucht eine Weggabelung auf

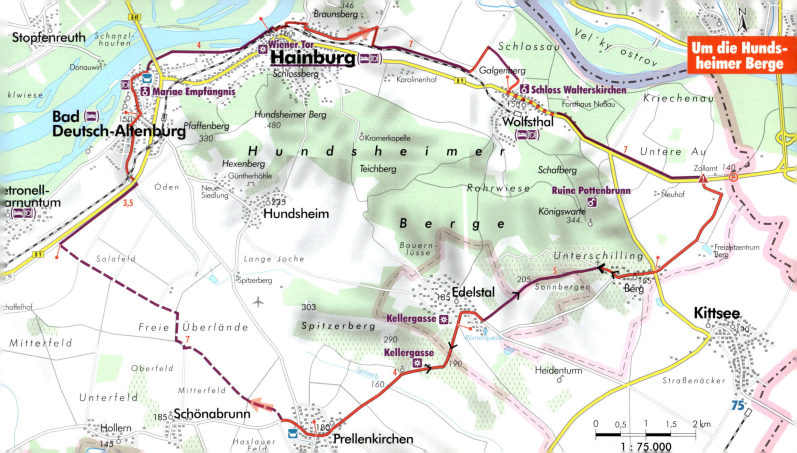

hier links halten und an den Ausläufern der Hundsheimer Berge entlang — der Weg teilt sich noch einmal — wiederum links auf dem Asphalt bleiben und nach Edelstal fahren.
Edelstal

Von Edelsthal nach Hainburg   19 km
Das Fabriksgebäude unterhalb gehört zur Römerquelle — an der Hauptstraße nach rechts und die Ortschaft durchfahren — der Ortskern liegt zur Rechten — auf dieser Straße nach Prellenkirchen.
Prellenkirchen
In Prellenkirchen von der größeren Straße Richtung Bad Deutsch Altenburg nach links Richtung Rohrau und Schönabrunn abweichen — beim Ortsausgangsschild von dieser Straße auf einen unbefestigter Feldweg.

Tipp: Mitten im Feld findet sich die Beschilderung der Verbindung Donauradweg-Neusiedlersee. Den Donauradweg (Tour 1) finden Sie in diesem Buch auf Seite 10, die Tour Zum Neusiedlersee (Tour 17) auf Seite 77.

Braunsberg

Von nun an den Schildern nach Bad Deutsch Altenburg folgen.
Bad Deutsch Altenburg
PLZ: 2405; Vorwahl: 02165

🛈 **Tourismusbüro-Kurverwaltung**, Erhardgasse 2, ✆ 62459

🏛 **Museum Carnuntium**, Badg. 40-42, ÖZ: Di-So 10-17. Das Museum birgt eine reichhaltige Sammlung römischer Provinzialkultur der ersten vier nachchristlichen Jahrhunderte.

⛪ **Pfarrkirche Mariae Empfängnis.** Romanische dreischiffige Pfeilerbasilikam mit angebautem gotischen Chor und frühgotischem Turm aus dem 13. u. 14 Jh.

In Bad Deutsch Altenburg in die **Badstraße** zum Kurzentrum einbiegen — vor der Donaubrücke die Straße nach links verlassen — nach Unterquerung der Brücke geht es entlang der Donau auf der Promenade zurück nach **Hainburg** — nun ein kurzes Stück bergauf fahren um ins Zentrum zu gelangen.
Hainburg

Tour 17 Zum Neusiedlersee 34 km

Länge: 34 km
Start: Bad Deutsch Altenburg
Ziel: Neusiedl am See
Wegbeschaffenheit: größtenteils asphaltierte Rad- und Fahrwege, Nebenstraßen

Verkehr: keine Beeinträchtigungen
Beschilderung: Verbindungsweg Donauradweg-Neusiedlersee-Radweg R10, B 21

An den Südhängen des Leithagebirges

Bad Deutsch Altenburg
PLZ: 2405; Vorwahl: 02165
- Tourismusbüro-Kurverwaltung, Erhardgasse 2, ✆ 62459
- Museum Carnuntium, Badg. 40-42, ÖZ: Di-So 10-17. Das Museum birgt eine reichhaltige Sammlung römischer Provinzialkultur der ersten vier nachchristlichen Jahrhunderte.
- Pfarrkirche Mariae Empfängnis. Romanische dreischiffige Pfeilerbasilika mit angebautem gotischen Chor und frühgotischem Turm aus dem 13.-14. Jh.

Von Bad Deutsch Altenburg nach Parndorf 23 km

Ausgangspunkt der Tour ist der Bahnhof Bad Deutsch Altenburg ~ vom Bahnhof nach rechts in die Ortsmitte hinunter ~ im Ortszentrum dem Wegweiser zur „Feuerwehr" nach links folgen ~ einmal nach rechts abzweigen und gerade aus dem Ortsgebiet hinaus ~ unter Bahn und Bundesstraße hindurch und nach rechts schwenken. Parallel der Bundesstraße nach Südwesten ~ bei Kilometer 33,2 der Bundesstraße 9 geht es im rechten Winkel nach links ~ auf dem unbefestigten Feldweg 3 Kilometer geradeaus ~ dann scharfer Rechtsschwenk und nach 300 Metern nach links ab ~ nach weiteren 150 Metern wieder rechts ~ bis Schönabrunn sind es noch 1,5 Kilometer.

Tipp: Von Schönabrunn aus können Sie einen 5 Kilometer langen Abstecher nach Rohrau machen. Die kleine Ortschaft hat kunstinteressierten Besuchern zwei Besonderheiten anzubieten:

77

Rohrau
PLZ: 2471; Vorwahl: 02164
- **Marktgemeindeamt**, ✆ 2204
- **Haydn-Museum**, ÖZ: Di-So 10-17 Uhr.
- **Schloss Harrach**, ÖZ: April-Okt., Di-So 10-17 Uhr. Die größte Privatgemäldesammlung zeigt spanische, nepolitanische und römische Malerschulen des 17. und 18. Jhs. sowie flämische und niederländische Meister.

Die Hauptroute führt in **Schönabrunn** in östlicher Richtung weiter — am Ortsende beim Bildstock nach rechts in die Allee — nach 3 Kilometern rechts auf die Straße nach Deutsch-Haslau einschwenken — hinter der Kirche von **Deutsch-Haslau** nach rechts —

nach Querung der Leitha ist Potzneusiedl im Burgenland erreicht.

Potzneusiedl
- **Schloss Potzneusiedl**, ÖZ: tägl. 10-17 Uhr. Ikonen- und Antiquitätensammlung; Porzellanausstellung.

Nun ist die Tour als B 21 beschildert — in der Ortsmitte nach rechts — dann links und gleich wieder rechts — geradeaus fahrend aus Potzneusiedl hinaus.

In **Neudorf** bei Parndorf geht es 500 Meter parallel der Bundesstraße 10 weiter — dann nach rechts in den Güterweg **Neudorf-Brucker Weg** einbiegen — 2,2 Kilometer später auf den unbefestigten Weg nach links einschwenken — nach einer S-Kurve geht es auf der schnurgeraden Straße nach Parndorf.

Parndorf
PLZ: 7111; Vorwahl: 02166
- **Gemeindeamt**, Hauptstr. 52a, ✆ 2300-0

Von Parndorf nach Neusiedl   11 km
In Parndorf treffen Sie auf die Hauptstraße auf dem Radweg nach rechts ins Ortszentrum — bei der Ortstafel an der Bushaltestelle nach

Seeufer in Neusiedl

rechts — entlang des Siedlungsrandes weiter — dann links in die Straße **Untere Wunkau** — vor der Kirche vorbei, leicht rechts — dann in die **Friedhofsstraße** — die Bundesstraße queren — auf der **Scheunengasse** zur **Bahnstation Parndorf**.

Vor dieser nach links auf den Güterweg **Parndorf-Triebweg** einbiegen — auf der Hauptstraße rechts die Bahnlinie queren — an Fabriksgelände und Bahnhofsparkplatz vorüber — abermals über den Schienenstrang — der Straße entlang des Parndorfer Baches folgen — auf kurvenreicher Strecke geht es sanft Richtung Neusiedler See hinunter.

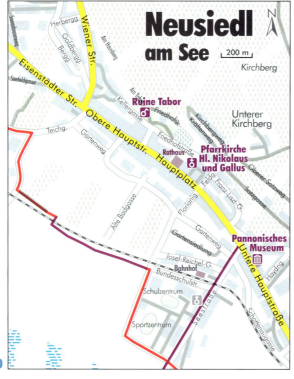

500 Meter vor dem **Bahnhof Neusiedl** nach links über die Gleisanlagen ⬇ dann nach rechts und am Bahnhof vorbei ⬇ ein kurzes Stück den Schildern des *Neusiedlersee Radweg B10* folgen ⬇ um nach Neusiedel zu gelangen der Beschilderung nach links folgen ⬇ nach etwa 4 Kilometern ist die Kleinstadt erreicht.

Neusiedl am See
PLZ: 7100; Vorwahl: 02167

🛈 **Fremdenverkehrsbüro**, Hauptpl. 1, ✆ 2229

🏛 **Pannonisches Heimatmuseum**, Kalvarienberg 40, ✆ 8173, ÖZ: Di-Sa 14.30-18.30 Uhr, So/Fei 10-12 Uhr und 14.30-18.30 Uhr. Der Schwerpunkt der Ausstellung liegt in der Dokumentation des pannonischen Raumes an Hand von Trachten, handwerklichen Geräten oder sakralen Gegenständen.

🏛 **Seemuseum**, ÖZ: Mai-Okt., tägl. 9-12 Uhr und 13-17 Uhr. Thema des Museums ist die Tierwelt rund um den Neusiedler See.

✝ **Pfarrkirche Hl. Nikolaus und Gallus.** Der gotische Bau beherbergt eine bemerkenswerte Schiffskanzel aus der Mitte des 18. Jhs.

✝ **Ruine Tabor.** Der mittelalterliche Wohnturm, vielleicht ein ehemaliger Witwensitz der Königinnen Agnes (1296) und Maria (1390) thront über dem Ort.

✳ **Kalvarienberg**, am Südende der Stadt. Zwölf neugotische Bildstöcke mit Reliefs wurden 1871 gestiftet. An der Ostseite befindet sich die 13. Station (Grablegung). Neben der neugotischen Kapelle mit Fassadentürmchen befindet sich eine Kreuzigungsgruppe mit Maria und Johannes.

✳ **Werkstubengalerie „In den Gerbergruben"**, Hauptpl. 50, ✆ 2516, ÖZ: tägl. 17-21 Uhr. Gezeigt werden zeitgenössische Werke professioneller Künstler.

Tipp: Es gibt auch eine Radtour rund um den Neusiedlersee. Diese finden Sie im *bikeline*-Radtourenbuch Neusiedler See-Radweg.

Tour 18 Baden in Podersdorf am See   28 km

Länge: 28 km
Start und Ziel: Neusiedl am See
Wegbeschaffenheit: asphaltierte und unbefestigte Rad- und Fahrwege
Verkehr: keine Beeinträchtigungen

Beschilderung: Neusiedlersee-Radweg B10
Hinweis: familienfreundlich

Pannonischer Ziehbrunnen

Von Neusiedl nach Podersdorf   14 km

Ausgangspunkt dieser Tour ist der Bahnhof Neusiedl — vom Bahnhofsgebäude nach rechts zum Neusiedler See — ab der Kreuzung nun den Schildern des Neusiedlersee-Radweges B10 Richtung Neusiedl bis zur **Seestraße** folgen — auf dieser geht es nach links ins Zentrum von Neusiedl.

Neusiedl am See   (Stadtplan S. 80)
PLZ: 7100; Vorwahl: 02167
- **Fremdenverkehrsbüro**, Hauptpl. 1, ✆ 2229
- **Pannonisches Heimatmuseum**, Kalvarienberg 40, ✆ 8173, ÖZ: Di-Sa 14.30-18.30 Uhr, So/Fei 10-12 Uhr und 14.30-18.30 Uhr. Der Schwerpunkt der Ausstellung liegt in der Dokumentation des pannonischen Raumes an Hand von Trachten, handwerklichen Geräten oder sakralen Gegenständen.
- **Seemuseum**, ÖZ: Mai bis Okt., tägl. 9-12 Uhr und 13-17 Uhr. Thema des Museums ist die Tierwelt rund um den Neusiedler See.
- **Pfarrkirche Hl. Nikolaus und Gallus.** Der gotische Bau beherbergt eine bemerkenswerte Schiffskanzel aus der Mitte des 18. Jhs.
- **Ruine Tabor.** Der mittelalterliche Wohnturm, vielleicht ein

ehemaliger Witwensitz der Königinnen Agnes (1296) und Maria (1390) thront über dem Ort.
- **Werkstubengalerie „In den Gerbergruben"**, Hauptpl. 50, ✆ 2516, ÖZ: tägl. 17-21 Uhr. Gezeigt werden zeitgenössische Werke professioneller Künstler.
- **Kalvarienberg**, am Südende der Stadt. Zwölf neugotische Bildstöcke mit Reliefs wurden 1871 gestiftet. An der Ostseite befindet sich die 13. Station (Grablegung). Neben der neugotischen Kapelle mit Fassadentürmchen befindet sich eine Kreuzigungsgruppe mit Maria und Johannes.

Nach Querung der **Seestraße** geht es auf der **Deggendorfstraße** aus Neusiedl hinaus — durch den Weiden- und Schilfgürtel des

Die Uferschnepfe genießt den Blick übers Naturschutzgebiet

Neusiedlersees und über eine kleine Holzbrücke hinein nach Weiden.

Weiden am See
PLZ: 7121; Vorwahl: 02167

🛈 **Tourismusbüro**, Raiffeisenpl. 5, ✆ 7311

✱ Der „Sesselmarkt" ist eine Besonderheit von Weiden. Vor den Häusern stehen Sessel, auf denen angeboten wird, was die Weidener zu bieten haben, von Obst und Gemüse bis zu Strohgeflechten.

Die historische Entwicklung von Weiden entspricht jener vieler anderer Orte rund um den Neusiedler See. Archäologische Funde belegen bereits eine Besiedlung während der Bronzezeit. Die Römer ließen sich auch in Weiden nieder und betrieben bereits den Weinbau. Der Wein war lange Zeit die Haupteinnahmequelle der Bewohner. Während des „goldenen Zeitalters", so bezeichneten die Weidener das Jahrzehnt zwischen 1630 und 1640, wurden jährlich rund 10.000 Hektoliter Wein geerntet.

In Weiden am Sportplatz und Bahnhof vorbei ⇝ dann über die Bahn und bei erster Gelegenheit rechts ab ⇝ auf der Straße **Seegrund** am Ortsrand entlang ⇝ hinter dem Bahnübergang wird der Weg zu einem Schotterweg, der für den Individualverkehr gesperrt ist ⇝ durch das

Baden in Podersdorf/See 1

Baden in Podersdorf/See 2

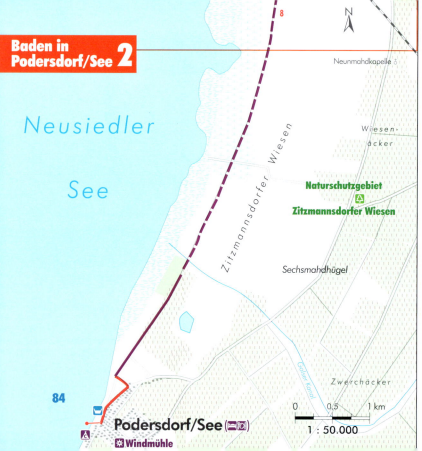

Naturschutzgebiet **Zitzmannsdorfer Wiesen** und auf dem asphaltierten Güterweg an Weingärten vorbei nach Podersdorf.

Podersdorf am See
PLZ: 7141; Vorwahl: 02177

- **Tourismusbüro**, Hauptstr. 2, ✆ 2227
- **Windmühle**, Mühlstr. 26, ÖZ: Mitte Mai bis Mitte Sept., tägl. 17-19 Uhr. Die funktionsfähige, aber nicht mehr in Betrieb befindliche Windmühle wurde vor mehr als 200 Jahren erbaut.

Podersdorf ist die einzige Gemeinde rund um den Neusiedler See, die einen direkten Zugang zum See hat. Damit ist Podersdorf auch der Badeort am See. Der lange Strand ist hauptverantwortlich dafür, dass Podersdorf inzwischen zu den bekanntesten Fremdenverkehrsgemeinden des Burgenlandes zählt. Mit rund 900.000 m² Fläche steht den Urlaubern auch der größte Campingplatz Österreichs zur Verfügung.

Zurück nach Neusiedl fahren Sie auf dem selben Weg, den Sie gekommen sind.

Windmühle Podersdorf

Tour 19 Kirschblüten-Radweg   43 km

Im April ist Kirschblütenzeit

Länge: 43 km
Start und Ziel: Bhf. Neusiedl am See
Wegbeschaffenheit: durchwegs asphaltierte Rad- und Güterwege, Nebenstraßen
Verkehr: außer bei den Ortsdurchfahrten kein Verkehr
Beschilderung: Neusiedlersee-Radweg B10, Kirschblüten-Radweg B12
Hinweis: familienfreundlich; besonders schön zur Kirschblüte Mitte bis Ende April

Von Neusiedl nach Donnerskirchen   19 km

Ausgangspunkt dieser Tour ist der Bahnhof Neusiedl — ein Stück der Bahn entlang — dann unter der Bahnlinie hindurch — nach rechts Richtung Jois — nun dem Neusiedlersee-Radweg zum Winzerort Jois folgen.

Jois
PLZ: 7093; Vorwahl: 02166
- **Gästeinformation**, Untere Hauptstr. 23, ☎ 8310
- **Ortskundliches Museum**, Untere Hauptstr. 23, ☎ 7121 oder 310, ÖZ: ganzjährig gegen Voranmeldung. Die Ortsgeschichte wird u. a. anhand archäologischer Funde oder landwirtschaftlicher Geräte dokumentiert.
- **Pfarrkirche** aus dem Jahr 1757 mit wertvollen Barockstatuen.

Knapp drei Kilometer sind es dann von Jois nach Winden am See.

Winden am See
PLZ: 7092; Vorwahl: 02160

- **Gemeindeamt**, Hauptstr. 8, ☎ 275
- **Freilichtmuseum**, Gritsch-Mühle 1, ÖZ: jederzeit frei zugänglich; zu sehen sind Werke des Bildhauers Prof. Wander Bertoni.
- **Bärenhöhle.** Etwa 3 Kilometer nördlich des Ortes befindet sich diese Naturhöhle. Bei Grabungen wurden Knochenfunde von eiszeitlichen Höhlenbären, Hyänen und Wölfen gemacht.

Hinter Winden nun weiter auf dem Kirschblüten-Radweg — hier nach rechts und in weiterer Folge auf der **Kirchengasse** ins Ortszentrum von Breitenbrunn.

Breitenbrunn
PLZ: 7091; Vorwahl: 02683

 Gästeinformation, Eisenstädter Str. 16, ✆ 5054

Turmmuseum, ✆ 5562, ÖZ: Mai-Okt., Di-So 9-12 Uhr und 13-17 Uhr. Neben Funden aus dem Ortsgebiet werden auf fünf Stockwerken Karten vom Neusiedler See oder die geologische Entwicklung des Leithagebirges gezeigt.

✱ **Kellergasse**, altes historisches Kellerviertel

Direkt beim Türkenturm nach links auf die **Eisenstädter Straße** einbiegen   bei der Post nach rechts   an der Weggabelung auf der **Antonigasse** weiter   oben nach links   dem Verlauf des **Kellerringes** von Breitenbrunn folgen   in den Weinbergen dem asphaltierten Weg folgen   bei der Weggabelung links   an der Querstraße nicht nach Breitenbrunn zurück, sondern nach rechts durch den **Doktorbrunnengraben**   nach dem Waldstück links halten   vor Purbach die Florianisiedlung passieren   über die **Landsatzgasse** in den Ort hinein.

Purbach
PLZ: 7083; Vorwahl: 02683

Tourismusverband, Hauptg. 38, ✆ 5920

✱ **Nikolauszeche**, Bodenzeile 3. Das aus dem 16. Jh. stammende ehemalige Verwaltungsgebäude wird heute als Restaurant genutzt.

✱ **Purbacher Türke**. Die steinerne Büste eines Türken auf dem Rauchfang des Hauses Nr. 163 gilt als Wahrzeichen der Gemeinde. Der Sage nach hat jener Türke nach reichlichem Weingenuss den Rückzug versäumt und ist auf der Flucht vor der Bevölkerung im Kamin steckengeblieben.

Turmmuseum Breitenbrunn

✱ **Weinmarkt Purbach**. Neusiedler Str. 19, ÖZ: April-Nov., tägl. 10-12 Uhr und 14-19 Uhr. Weindegustation und Weinfachberatung zu Kellerpreisen.

Bei der Vorrangstraße nach links in die **Sandergasse**   bei nächster Gelegenheit nach rechts hinauf durch die pittoreske **Kellergasse** von Purbach „Am Spitz" auf die Vorrangstraße nach rechts   bei dem Marterl nach links zwischen Leiserhof und Kirche nach Donnerskirchen.

Donnerskirchen
PLZ: 7082; Vorwahl: 02683

Gästeinformation, Hauptstr. 38 und 57, ✆ 8541

Heimatmuseum, Information am Gemeindeamt, ÖZ: Mai-Sept. gegen Voranmeldung. Das Heimatmuseum beherbergt eine Ausstellung über die Heimatkultur, einen Wanderlehrpfad mit seltenen Pflanzen, Keltengräbern und wechselnden Wanderausstellungen.

8 Pfarrkirche St. Martin. Die dominierend über dem Ort stehende barocke Kirche wurde 1676 vom Fürsten Esterházy erbaut.

Von Donnerskirchen nach Neusiedl   24 km

An der Kreuzung in der Ortsmitte geradeaus weiter auf der **Wiener Straße** — vor der Rechtskurve geradeaus in die **Badstraße** — vor dem Campingplatz nach links hinunter — bei der Bundesstraße dem begleitenden Asphaltband nach rechts folgen — 500 Meter später die Bundesstraße queren — auf den **Güterweg Donnerskirchen-Zeisel/Neuriß** — vor der Bahnlinie nach links — neben der Bahnlinie zur **Bahnstation Donnerskirchen.**

Von der Bahnstraße nach rechts auf den Güterweg Donnerskirchen Purbach abzweigen — weiter auf dem Asphaltband Richtung Purbach — bei der ersten Kreuzung in Purbach nach rechts in die **Neubaugasse** — vor der Bahnlinie nach links zum Bahnhof Purbach.

Purbach

Mit dem Bahnhofsgebäude im Rücken nach rechts wenden — beim Seewirt wieder nach rechts über die Gleise — sofort nach links und am Apartmentkomplex vorüber — beim Dauercampingplatz nach links zurück über die Bahnlinie — dann nach rechts in die **Rosengasse** einschwenken — auf der **Hofgartenstraße** weiter.

Der Güterweg Purbach-Satz geleitet nach Breitenbrunn — auf dem schon bekannten Weg über **Weiden** und **Jois** zurück zum **Bahnhof Neusiedl am See.**

Tour 20 Radwanderweg-Süd   30 km

Länge: 30 km
Start: Inzersdorf
Ziel: Bad Vöslau
Wegbeschaffenheit: asphaltierte Radwege, gut zu befahrene Feldwege
Verkehr: außer in Biedermannsdorf und Bad Vöslau keine Beeinträchtigungen
Beschilderung: Radwanderweg-Süd

Tipp: Auf der **Neilreichgasse** überwinden Sie den Wienerberg und die Stadtausfahrt von Wien. Der bikeline- Radatlas Wien wird Ihnen hierfür eine große Hilfe sein.

Von Inzersdorf nach Guntramsdorf   17 km

Von der **Kolbegasse** in Inzersdorf beim Friedhof Inzersdorf auf die **Toscaninigasse** ~ teils neben und auf dieser Wien verlassen ~ nach Querung der **Vorarlberger Allee** geht es auf dem unbefestigten Fahrweg Vösendorf entgegen ~ kurz vor Vösendorf, nach dem Friedhof, links ab ~ hinter dem Schloss kurzzeitig weiter auf Asphalt ~ knapp 500 Meter später rechts ab ~ im Zick-Zack-Kurs zur Hauptstraße.

Vösendorf

Schnurgerade geht es durch die Felder weiter ~ 450 Meter nach Querung der Autostraße den asphaltierten Fahrweg leicht nach links versetzt queren ~ auf Asphalt zur Ortschaft Biedermannsdorf.

Tipp: Hier befindet sich die Abzweigung nach Mödling zur Mountainbiketour 28.

Biedermannsdorf

In die Straße nach Biedermannsdorf links einbiegen ~ 300 Meter später gleich in die erste Straße nach rechts abzweigen ~ über den **Wiener-Neustädter-Kanal** ~ unter der Eisenbahn hindurch ~ der Radwanderweg-Süd führt rechtsherum entlang der Bahn weiter, Laxenburg liegt jedoch geradeaus vor Ihnen.

Laxenburg
PLZ: 2361; Vorwahl: 02236
- **Gemeindeamt**, Schlosspl. 7-8, ✆ 71101
- **Filmarchiv Austria**, ✆ 71440.
- **Schloss Laxenburg**, Information: ✆ 71226. Die Sommerresidenz der Habsburger wartet mit den verschiedensten Bauwerken innerhalb des Schlossparks auf: das Alte Schloss, der repräsentative Blaue Hof, die romantische Franzensburg,... Der Schlosspark ist ganzjährig geöffnet. Führungen Franzensburg: Ostern-Anfang November.

Um 1385 entstand nebst der kleinen Ansiedlung Lachsendorf unter Herzog Albrecht III. eine Wasserburg, die später dem Ort Laxenburg den Namen geben sollte. Kaiser Maximilian ließ den Garten von Laxenburg nach niederländischer Art in einen Lust- und Ziergarten umgestalten. Nach den Zerstörungen durch die Türken 1683 entstanden bald darauf Burg, Kirche und Jagdrevier in neuem Gewand. Während der Regentschaft von Kaiserin Maria Theresia erhielt Laxenburg seine heutige Gestalt. Ihr Sohn Kaiser Joseph II. ließ die barocke Gartenanlage in eine freundliche Szenerie weiter Wiesenflächen, in denen sich lose Baumgruppen gruppieren, umgestalten. Den romantischen Teich mit Inseln, Brücken und Grotten ließ Kaiser Franz I. anlegen. 1798 bis 1836 kam inmitten dieser Idylle die Franzensburg als Nachahmung einer mittelalterlichen Burg hinzu. Der 250 ha große Schlosspark mit den uralten Baumgruppen, den antiken

Tempeln und diversen gotischen Bauwerken hat bis heute nichts von seiner Anziehungskraft verloren.

Gemeinsam mit der Bahn die Südautobahn queren — unter der Bahn hindurch in einem weiteren Rechtsbogen wieder an den **Wiener-Neustädter-Kanal** diesseits des Kanals bis zu den ersten Häusern von **Guntramsdorf** — hier über den Kanal — der Weg entfernt sich 150 Meter vom Kanal nach links einbiegen — nach einem Linksknick zum Kanal zurück.

Nach knapp 500 Metern wieder ans andere Ufer in die Wohnsiedlung hinein — hinter dem Friedhof nach rechts — wieder zum Kanal — unter der **Eisenbahnbrücke** hindurch — bei der Treppe das Rad hinauf zur **Dr.-Ignatz-Weber-Gasse** schieben — dem Rechtsknick der Straße folgen — an der **Eggendorfer Gasse** nach rechts und weiter zum Kanal.

Guntramsdorf
PLZ: 2353; Vorwahl: 02236
🛈 **Gemeindeamt**, Rathauspl. 1, ✆ 535010

Von Guntramsdorf nach Bad Vöslau   13 km

Den nächsten Ort in nächster Nähe zum

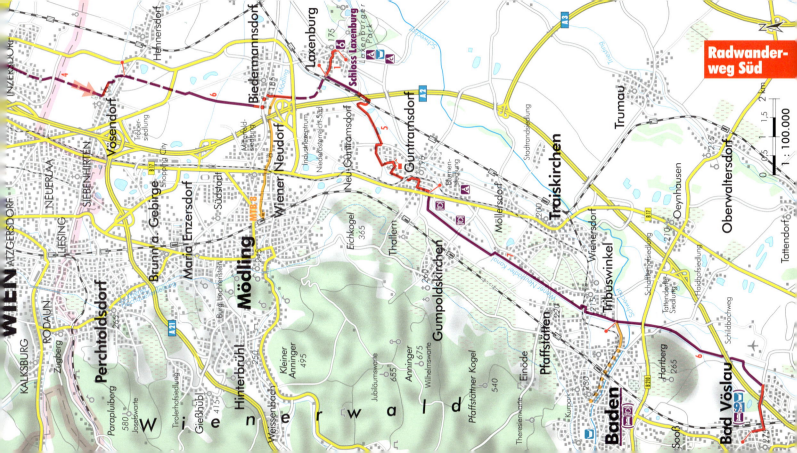

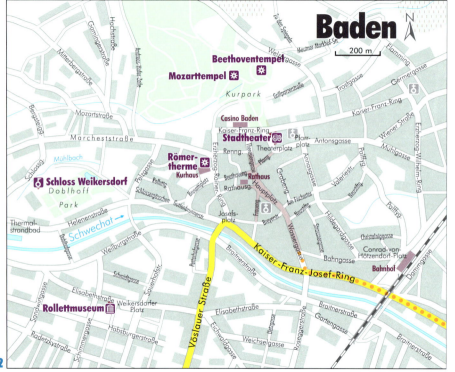

Kanal durchfahren ⊶ über den Steg ans andere Ufer ⊶ rechts des Kanals Guntramsdorf verlassen ⊶ nach 2,4 Kilometern wieder ans linke Ufer und weiter bis vor Bad Vöslau ⊶ zur Linken liegt Traiskirchen.

Traiskirchen
PLZ: 2514; Vorwahl: 02252

🛈 **Stadtgemeindeamt**, Hauptpl. 13, ✆ 52611

In Tribuswinkel kurzzeitig vom Kanal weg um die Gleise zu queren ⊶ nach einem Schlenker nach links zurück ans Ufer ⊶ diesem wie üblich Richtung Süden folgen ⊶ Baden liegt nun zur Rechten.

Baden
PLZ: 2500; Vorwahl: 02252

🛈 **Tourist Information**, Brusattipl. 3, ✆ 22600-600

🏛 **Beethovenhaus**, Rathausg. 10, ÖZ: Di-Fr 16-18 Uhr, Sa/So/Fei 9-11 Uhr und 16-18 Uhr. Von 1821-23 war dieses Haus die Sommerlogis von Ludwig van Beethoven, seit 1962 ist es eine Gedenkstätte für Beethoven. Hier schrieb Beethoven 1821 und 1823 an seiner 9. Symphonie.

🏛 **Kaiser-Franz-Josef-Museum**, Hochstr. 51, ÖZ: April-Ende Okt., Di-So 14-18 Uhr. In diesem Museum für Handwerk und Kunstwerk sind rund 3000 Exponate zum Thema ausgestellt, auch Waffen und Uniformen werden gezeigt.

🏛 **Städtisches Rollett-Museum,** Weikersdorferpl. 1, ÖZ: Mi-Mo 15-18 Uhr. Zu sehen gibt es eine bunte Sammlung prähistorischer, geologisch-paläontologischer Exponate sowie eine Totenmasken- und Schädelsammlung. Des weiteren Gemälde, Urkunden, Originalpartituren von Mozart und Beethoven und einiges mehr.

🏛 **Puppen- und Spielzeugmuseum,** Erzherzog-Rainer-Ring 23, ÖZ: Di-Fr 16-18 Uhr, Sa/So/Fei 9-11 Uhr und 16-18 Uhr.

♠ **Casino Baden,** Im Kurpark, Kaiser-Franz-Ring 1, ☏ 44496, ÖZ: tägl. ab 15 Uhr.

Die Südautobahn queren und dem Radschild zur **Ruine Merkenstein** nach Bad Vöslau folgen ~ über die **Flugfeldstraße** und die **Friesstraße** zum Bahnhof von Bad Vöslau.

Bad Vöslau

PLZ: 2540; Vorwahl: 02252

ℹ **Informationsbüro,** Schlosspl., ☏ 70743

🏛 **Stadtmuseum mit Weinmuseum,** ÖZ: Mai-Sept., Do 16-19 Uhr, So/Fei 9-12 Uhr.

♠ **Schloss Vöslau,** Schlosspl. Im ehemaligen Wasserschloss im frühklassizistischen Stil befindet sich heute das Rathaus.

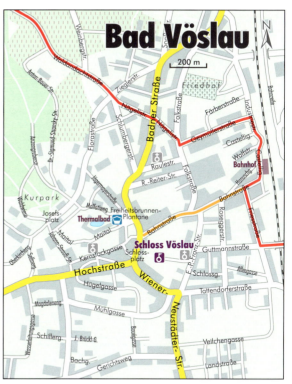

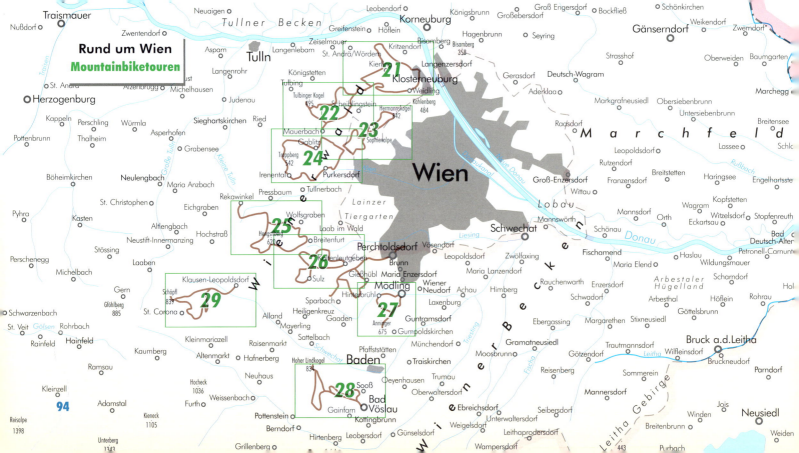

Tour 21 Rund um Klosterneuburg   31 km

Länge: 31 km
Start und Ziel: Bahnhof Klosterneuburg
Wegbeschaffenheit: 10 km Forst- und Wanderwege, 21 km Asphaltstrecken
Höhenunterschied: 485 Meter
Verkehr: nur in Klosterneuburg
Hinweis: Verbindung mit MTB-Tour 22 bei der Windischhütte; Anfahrt mit dem Rad über Donauradweg; Auto: Parkplatz Happyland

Ausgangspunkt der Tour ist der **Bahnhof Klosterneuburg/Kierling** ~ hinter der Bahnunterführung geht es über den **Niedermarkt** und die **Hundskehle** hinauf zum Rathausplatz.

Klosterneuburg   Stp. s. S. 20

PLZ: 3400; Vorwahl: 02243
- **Tourismus-Verein**, Niedermarkt 4 (Bahnhof), ✆ 32038.
- **Stiftsmuseum**, Stiftspl. 1, ✆ 411-154, ÖZ: Mai-Nov., Di-So 10-17 Uhr.
- **Archäologisches Museum - Unterkirche St. Martin**, Martinstr. 38, ÖZ: So 10-12 und nach Vereinbarung.
- **Mährisch-Schlesisches Heimatmuseum**, Schießstattg. 2, ÖZ: Di 10-16, Sa 14-17, So 10-13 Uhr.
- **Chorherrenstift Klosterneuburg**, Stiftsplatz 1, ✆ 411/212, Führungen: Mo-Sa 9-11 u. 13.30-16.30 Uhr, So/Fei 11-12 u. 13.30-16.30 Uhr.
- **Mittelalterliches Stiftsgebäude.** Ab 1108 auf der Stelle eines römischen Kastells errichtet; im 15. -19. Jh. ausgebaut.
- **Barocker Stiftsneubau.** Die großartige Anlage entstand 1730-55 unter Karl VI.
- **Stiftskirche Unsere Liebe Frau.** Der romanische Bau stammt von 1114-36; in der Leopoldskapelle der berühmte Verduner Altar.
- **Pfarrkirche St. Martin**, Martinstr. 38. Die Pfarre reicht vor die Mitte des 11. Jhs. zurück.
- **Stiftsführungen**, Rathauspl. 20, ✆ 411-212, tägl. 9.30-11 und 13.30-16 Uhr.

Den **Rathausplatz** auf der **Leopoldstraße** verlassen ~ dann nach rechts in die **Franz-Rumpler-Straße** einschwenken ~ diese geht in die **Weinberggasse** über ~ über die Anhöhe des **Buchbergs** nach Weidling ~ auf der Promenade neben dem Weidlingbach ins Ortszentrum.

Weidling

An der Kreuzung bei der Kirche nach rechts der **Lenaugasse** folgen ~ in weiterer Folge immer links halten ~ auf der **Reichergasse** durch den Rotgraben ~ 3 Kilometer vom Ortszentrum entfernt beginnt die **Rotgrabenstraße** ~ auf dieser durch den Kierlinger Forst bis zur **Windischhütte.**

Vom höchsten Punkt der Tour nun gut

Weidling

einen Kilometer bis zur Wegkreuzung bei Eichenhain auf dem schon bekannten Weg zurückfahren — hier nach links abzweigen — auf der **Hintersdorferstraße** hinunter in die Ortschaft **Haselbach** — die ruhige Nebenstraße führt dann gemächlich abfallend bis Maria Gugging.

Maria Gugging

⚠ Hier mit Vorsicht die Hauptstraße queren — nach dem Torbogen geradeaus durch das Gelände des **Psychiatrischen Krankenhauses** — hinter dem Sportplatz teilt sich der Weg — dem Wegweiser zur Redlinger Hütte folgen.

Tipp: Wenn Sie eine Zwischenstation auf der Redlingerhütte machen wollen, müssen Sie den rund 100 Meter langen steilen Anstieg in Kauf nehmen.

Ansonsten an der Weggabelung der blauen Markierung folgen — die Tafel mit der Aufschrift „Hadersfeld über Steinbruch" gibt das nächste Ziel vor — nach der kleinen Brücke rechts halten — nach knapp 500 Meter

Haselbach

ndurch den Hohlweg im spitzen Winkel nach rechts in den Forstweg einbiegen — auf dem wieder gut zu befahrenen Forstweg geht es nach Hadersfeld.

Hadersfeld

Vom Gasthaus Hubertushütte auf der ruhigen Landstraße Richtung Klosterneuburg weiterfahren — an der Kreuzung mit der Informationstafel der Gemeinde St. Andrä/Wördern und dem Marterl rechts halten —

durch den **Heuberger Wald** — rund 1,5 Kilometer hinter der Abzweigung zum **Rehabilitationszentrum Weißer Hof**, bereits im Gemeindegebiet von Klosterneuburg, die **Holzgasse** verlassen. Auf der **Türkenschanzgasse** geht es dann steil hinunter nach Klosterneuburg — immer geradeaus fahren — die **Dr.-Vogel-Straße** endet an der **Konradtgasse** — dort nach links — über die **Kautekgasse** und **Hölzlgasse** auf den **Stadtplatz** von Klosterneuburg — vom verkehrsreichen **Stadtplatz** sind es nur mehr rund 300 Meter bis zum Bahnhof Klosterneuburg-Kierling.

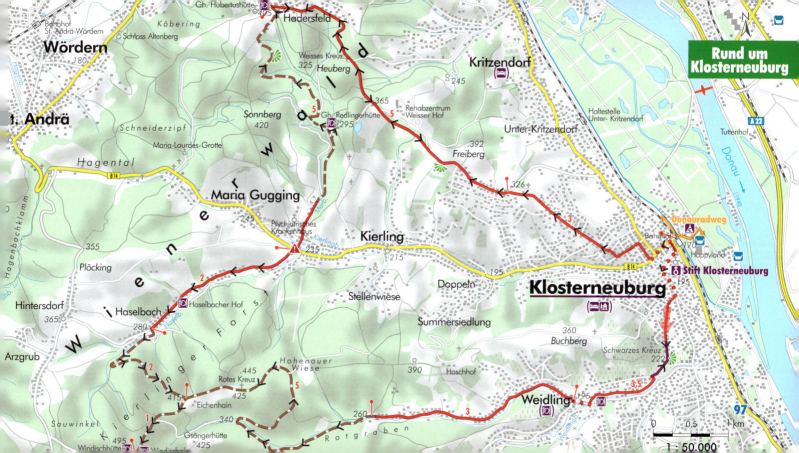

Tour 22 Tulbinger Kogel   20 km

Länge: 20 km
Start und Ziel: Kartause Mauerbach
Wegbeschaffenheit: 5 km unbefestigte Forststraßen, 15 km Asphaltstrecken
Höhenunterschied: 345 Meter

Verkehr: Tullner Straße
Hinweis: Verbindung zu MTB-Tour 21 über Windischhütte, mit MTB-Tour 23 über die Tullner Straße; Auto: Parkplatz Kartause Mauerbach

Tulbinger Kogel

Mauerbach

PLZ: 3001; Vorwahl: 01

- **Marktgemeinde**, Allhangstr. 14-16, ☎ 9791677-0.
- **Kartause Mauerbach.** Das ehemalige Kartäuser-Kloster wurde im 14. Jh. gegründet und im 17. Jh. barock umgebaut. Besonders sehenswert ist das prächtige barocke Eingangstor.

Ausgangspunkt ist der Parkplatz bei der **Kartause Mauerbach** in nördlicher Richtung der Hauptstraße folgen der Wegweiser zur Einsiedelei weist dann nach rechts auf der **Pitzelsdorferstraße** hinauf zum Scheiblingstein nach Querung der **Tullner Straße** in Steinriegl links abbiegen an der nächsten Kreuzung geradeaus zur **Windischhütte** nach 1,5 Kilometern ist der höchste Punkt der Tour erreicht.

Windischhütte

Auf dem gleichen Weg zurück zur Kreuzung hinter Steinriegl nun nach rechts Richtung Ober- und Unterkirchbach in **Unterkirchbach** die Richtung zum Tulbinger Kogel einschlagen dann 500 Meter der Tullner Straße entlang an der Kreuzung nach rechts Richtung Mauerbach knapp 500 Meter später rechts ab zur **Waldschenke** auf der **Rennwegstraße** hinauf zur Ortschaft **Tulbingerkogel** von dort hinauf zum Hotel Tulbinger Kogel.

Tipp: Von der Leopold-Figl-Warte genießen Sie einen herrlichen Rundblick über den Wienerwald und das Tullner Feld. Die knapp 300 Meter zur Warte müssen Sie wegen des Fahrverbotes Ihr Rad schieben.

Die Tour führt durch die Ortschaft **Tulbingerkogel** und auf der schon bekannten Straße wieder zurück zur Kartause Mauerbach.

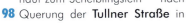

Tour 23 Um die Sophienalpe   27 km

Länge: 27 km
Start und Ziel: Sophienalpe
Wegbeschaffenheit: 18 km unbefestigte Forststraßen, 9 km Asphaltstrecken
Höhenunterschied: 510 Meter

Verkehr: Exelbergstraße, Mauerbachstraße
Hinweis: Verbindung mit MTB-Tour 22 über Tullner Straße; Auto: Parkplatz Sophienalpe

Tipp: Die Tour rund um die Sophienalpe setzt sich aus zwei, etwa gleichlangen, Schleifen zusammen. Die erste führt hinunter ins Mauerbachtal, die zweite ins Weidlingbachtal.

Sophienalpe

Ausgangspunkt der ersten Schleife ist der Parkplatz Sophienalpe — über die **Mostalmstraße** Richtung Mostalm — vor der **Franz-Karl-Fernsicht** links halten — auf der **Kasgrabenstraße** geht es dann hinunter nach Vorderhainbach zum **Gasthof Grüner Jäger** — bis zur Kreuzung mit der **Steinbachstraße** in Untermauerbach der **Mauerbachstraße** folgen.

Hier beginnt der 3,5 Kilometer lange Anstieg über die **Lebereckstraße** hinauf zum Lebereck — oben geht es nach rechts Richtung Hinterhainbach — über die sehr steil bergabführende **Hainbachgasse** und **Rosskopfstraße** zur **Sophienalpenstraße** — auf dieser zurück zur Sophienalpe.

Sophienalpe

Die zweite Schleife beginnt ebenfalls am Parkplatz Sophienalpe — auf der **Sophienalpenstraße** zur **Exelbergstraße** — auf dieser

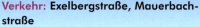

bis zum **Roten Kreuz** — hier nach links in die **Artilleriestraße** einbiegen — entlang des Höhenrückens über Hameau und Dreimarkstein zum **Grüß di a Gottwirt**.

Auf der **Landstraße** geht es dann durch den Schützengraben nach **Weidlingbach** — 800 Meter nach der Kreuzung mit der Straße nach Weidling zweigt die **Steinriegelstraße** links ab — durch den **Dombachgraben** wieder hinauf Richtung Exelberg — die Forststraße endet an der **Tullner Straße** — hier geradeaus weiter — die **Sophienalpenstraße** zweigt 500 Meter später im spitzen Winkel nach rechts zurück zur Sophienalpe ab.

Tour 24 Rund um Purkersdorf   29 km

Länge: 29 km
Start und Ziel: Purkersdorf
Wegbeschaffenheit: 21 km unbefestigte Forststraßen, 8 km Asphaltstrecken
Höhenunterschied: 555 Meter

Verkehr: in und um Purkersdorf
Hinweis: Verbindung mit MTB-Tour 23 in Vorderhainbach

Purkersdorf
PLZ: 3002; Vorwahl: 02231

🛈 **Tourismusverband Wienerwald**, Hauptpl. 11, ✆ 62176

⛪ **Pfarrkirche Hl. Jakobus.** Sehenswert sind der gotische Chor, das barocke Langhaus und der mittelalterliche Turm mit dem Barockhelm.

🌲 **Naturpark Sandstein-Wienerwald**, ✆ 63601 oder 63602, ÖZ: ganzjährig. Der zirka 76 ha große, in die typische mit Buchenwäldern durchzogene Wienerwaldlandschaft eingebettete, Naturpark kann mit mehreren **Tiergehegen**, einer **Waldschule** und einem volkskundlich-museologischen Informationszentrum im **Wienerwaldhaus** aufwarten. Von der **Aussichtswarte** auf der **Rudolfshöhe** reicht das Blickfeld über Wien und die Voralpen bis zum Schneeberg.

Am Troppberg

Der 1966 zur Stadtgemeinde erhobene Ort wurde erstmals im Jahre 1130 urkundlich erwähnt. Um 1500 übertrug Kaiser Maximilian I. die Verwaltung des Forstbesitzes im Wienerwald dem kaiserlichen Waldamt mit Sitz im Purkersdorfer Schloss. Die ehemalige Wasserburg dient heute der Gemeinde als Amtsgebäude. 1558 erhielt Purkersdorf nach Linz die erste **Poststation** an der alten Kaiserstraße. Hier fand der Pferdewechsel der Kutschen für die steile Auffahrt zum Riederberg statt. Das vom Erbpostmeister Josef von Fürnberg 1796 errichtete frühklassizistische Postgebäude wurde 1947 am heutigen Hauptplatz nach alten Plänen wiederhergestellt.

Vom Bahnhof Purkersdorf-Gablitz durch die **Karl-Kurz-Gasse** hinauf zum Hauptplatz — hier nach rechts — am Ende der Fußgängerzone weiter auf der **Bachgasse** zur Bundesstraße — nach Querung der Bundesstraße über die **Herrengasse** und **Wintergasse** zum Bahnhof **Unterpurkersdorf** — dort nach links in

Purkersdorf

Wienfluss bei Purkersdorf

die **Karlgasse** einbiegen – über die **Karlgrabenstraße** hinauf zur Augustinerwaldsiedlung.

Durch die **Augustinerwaldsiedlung** geht es auf der **Hühnersteigstraße** sehr steil hinunter ins Mauerbachtal – vor Vorderhainbach zweigt die Tour von der **Hahnbaumstraße** links ab – ein kurzer sehr steiler Hohlweg (Rad schieben!) führt hinauf zur Forststraße – auf der **Mauerbachstraße** nun entlang des Hahnbaumberges über **Mauerbach** zum Königswinkelberg – an der Wegkreuzung beim Königswinkelberg geradeaus nach Gablitz – die **Ferdinand-Ramler-Straße** führt steil hinunter zur Bundesstraße 1.

Gablitz
PLZ: 3003; Vorwahl: 02231

Tourismusverband Wienerwald, Hauptpl. 11, ✆ 62176

Von Gablitz bis Irenental den Radschildern des **Troppbergweg** folgen – nach 800 Metern den Radweg nach links verlassen – entlang des Gablitzbaches nach **Laabach**.

Unterhalb der Laabacher Schenke zweigt die **Hintere Laabachstraße** nach rechts ab – 900 Meter später nach rechts hinauf zur Forststraße entlang des **Troppbergs** dieser in südlicher Richtung bis zur Ortschaft **Irenental** folgen.

Tipp: Nur erfahrene Mountainbiker sollten den Troppberg „erklimmen". Über den zuerst gelb, dann blau markierten Wanderweg geht es sehr steil hinauf zum Gipfel des Berges. Die Mühen des Anstiegs werden durch den phantastischen Rundblick über den Wienerwald von der **Troppbergwarte** mehr als belohnt.

*Der **Wienerwald** erstreckt sich von Klosterneuburg über Purkersdorf bis weit in den Süden zum Triestingtal. In weiten Teilen des Wienerwaldes dominieren Eichen- und Hainbuchenwälder, die auf wellenartigen sanften Hügeln aus Sandstein entstanden sind. Lediglich im Bereich zwischen Kaltenleutgeben, Perchtoldsdorf und Pfaffstätten dominieren Schwarzföhrenwälder.*

*Dass sich der **Wienerwald** bis in unsere Zeit als nahezu geschlossenes Waldgebiet erhalten hat, verdanken wir vor allem der Jagdlust einstiger Landesfürsten, die durch*

Troppbergweg

Irenental

Auf der Straße nach Tullnerbach geht es einen guten Kilometer durch die langgezogene Ortschaft Irenental ~ bei Erlschachen nach links von dem geradeaus weiterführenden Troppbergweg weg.

Hier beginnt die **Große Steinbachstraße** ~ dieser über den **Hüttenkogel** bis vor Neu-Purkersdorf anschließen ~ bei den ersten Häusern der **Sagbergsiedlung** zweigt die Tour links ab ~ eine weitere Forststraße führt dann entlang der Bahnlinie hinter **Neu-Purkersdorf** vorbei weiter ~ über die **Ziegelfeldgasse** und **Kaiser-Josef-Straße** geht es wieder zum Ausgangspunkt der Tour nach Purkersdorf.

Große Steinbachstraße

Rodungsverbote den Wald zum Schutz ihrer Jagdreviere konservierten. Nach dem zweiten Weltkrieg ist es der Verdienst von **Josef Schöffel,** dass der Wienerwald vor der vollständigen Abholzung durch die notleidende und frierende Wiener Bevölkerung gerettet wurde. Ein Gedenkstein und eine Ausstellung im Naturpark Sandstein-Wienerwald erinnern heute an den „Retter des Wienerwaldes".

Tipp: Der Abstecher zum idyllisch in den Ausläufern des Troppberges liegenden Mostheurigen in Riedanleiten kann jedoch allen empfohlen werden.

Tour 25 Um den Hengstl   41 km

Länge: 41 km
Start und Ziel: Bahnhof Rekawinkel
Wegbeschaffenheit: 25 km unbefestigte Forststraßen, 16 km Asphaltstrecken
Höhenunterschied: 700 Meter
Verkehr: an Wochenenden um Breitenfurt
Hinweis: einige Kondition erforderlich; Verbindung mit MTB-Tour 26 bei Hochroterd; Auto: Parkplatz Bahnhof Rekawinkel

Bahnhof Rekawinkel

Rekawinkel
Über den Fußgängersteg die Gleise queren — auf der **Rampenstraße** bergauf bis zur Westautobahn — nach der Überführung links in die **Jochgrabenstraße** — dann 600 Meter der asphaltierten Straße folgen — auf der **Grenzstraße** um den Großen- und Kleinen Pfalzberg nach **Pfalzau** — nun der Straße hinauf zum **Hengstlpass** folgen — nach 1,3 Kilometer langer Bergabfahrt beim Weiler **Agsbach** nach links — auf der **Steinplattl-straße** sind 165 Höhenmeter auf 3,5 Kilometer Länge zu bewältigen — vom höchsten Punkt der Tour führt die **Hengstlstraße** bergab nach **Großhöniggraben** — über **Hochroterd** nach Breitenfurt.

Breitenfurt
An der Kreuzung in Breitenfurt dem Wegweiser zum Dreimäderlhaus nach links folgen — auf der **Wolfsgrabenstraße** über den „Kleinen Semmering" — in Wolfsgraben zweigt die Tour nach links in die **Forsthausstraße** ab.

Wolfsgraben
Nach dem 1,5 Kilometer langen Anstieg beginnt die **Käferleitenstraße** — auf dieser am **Engelkreuz** vorbei nach **Pfalzau** — auf bereits bekannten Wegen um die Pfalzberge zurück zum **Bahnhof Rekawinkel**.

Wolfsgraben

Tour 26 Um Kaltenleutgeben   25 km

Länge: 25 km
Start und Ziel: Kaltenleutgeben
Wegbeschaffenheit: 13 km unbefestigte Forststraßen, 12 km Asphaltstrecken
Höhenunterschied: 375 Meter
Verkehr: um Kaltenleutgeben
Hinweis: Verbindung mit MTB-Tour 25 über Hochroterd

Kaltenleutgeben

Ausgangspunkt der Tour ist das Ortszentrum von Kaltenleutgeben — auf der Hauptstraße Richtung Sulz — nach etwas über 4 Kilometern macht die Straße eine Linkskurve — an der Schranke vorbei geradeaus steil hinauf — an der Weggabelung nach links — auf der **Steingrabenstraße** hinunter nach Wöglerin — an der Hauptstraße nach links — etwas über einen Kilometer später ist Sulz erreicht.

Sulz im Wienerwald

Auf der Hauptstraße durch Sulz — wenn die Straße im rechten Winkel nach links schwenkt, rechts abzweigen — über die **Raitlstraße** hinauf zum Waldrand — auf der **Wöglerstraße** 3 Kilometer durch die Wälder des Großen Reutelsberg — dann geht es hinunter nach **Wöglerin** — von der Straße Richtung Breitenfurt am Fuß des Hochleiten nach gut 1,5 Kilometer nach rechts in den Wald hinein.

Die **Schwarzlacken**straße führt um den Wögler- und Gernberg herum — am Fuß des Festenberg beginnt die **Hirschentanzstraße** — an der Weggabelung bei der Schranke an deren Ende links abzweigen — ein holpriger, breiter Wanderweg führt an der **Helenenquelle** vorbei zum Sportplatz des ASK Kaltenleutgeben — von dort auf der **Stollgrabenstraße** hinunter zum Ausgangspunkt der Tour.

Wallfahrtskirche in Sulz

Tour 27 Auf den Anninger — 19 km

Länge: 19 km
Start und Ziel: Bahnhof Mödling
Wegbeschaffenheit: 12 km unbefestigte Forst- und Wanderwege, 7 km Asphaltstrecken

Höhenunterschied: 460 Meter
Verkehr: Hinterbrühl, Mödling
Hinweis: Anfahrt mit dem Rad über Radwanderweg-Süd (Tour 20); Auto: Parkplatz Goldene Stiege

Ausgangspunkt der Tour ist der Bahnhof von Mödling ～ nach Querung der **Thomas-Tamussino-Gasse** geht es auf dem lückenhaften Radweg neben der Mödling ins Ortszentrum ～ zur Rechten beginnt die Fußgängerzone ～ hier sind auch Räder willkommen.

Mödling
PLZ: 2340; Vorwahl: 02236

🛈 **Tourismusinformation**, Elisabethstr. 2, ✆ 26727
🏛 **Museum der Stadt Mödling**, im Thonetschlössl, ✆ 24159, ÖZ: Sa,So,Fei 10-18 Uhr. Zahlreiche Exponate zur Ur- und Frühgeschichte beziehungsweise zur Volks- und Naturkunde sind ausgestellt.
🏛 **Arnold-Schönberg-Haus**, Bernhardg. 6, ✆ 42223, ÖZ: an Wochenenden und nach tel. Vereinbarung; wissenschaftliche Dokumentationsstätte des berühmten österreichischen Komponisten und Begründer der Zwölftonmusik.
🏰 **Burg Mödling**; im 12. Jh. urkundlich erstmals erwähnt; 1529 von den Türken zerstört und im 19. Jh. in neuromantischer Weise restauriert.

Über die **Neusiedler Straße** und der

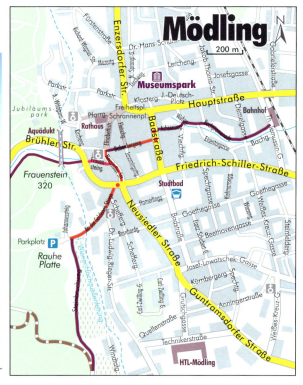

Straße **An der Goldenen Stiege** geht es steil hinauf zum Parkplatz.

Tipp: Auf den Informationstafeln erfahren Sie Wissenswertes über den **Naturpark Föhrenberge**.

Die Tour auf dem **Steinbruchweg** Richtung Prießnitztal fortsetzen ~ knapp 700 Meter später beginnt die Forststraße hinauf zum Anninger.

Nach knapp 2,5 Kilometern vorbei am Gasthaus **Krauste Linde**, ~ ab hier folgt ein knapp 1,5 Kilometer langer Anstieg mit einer durchschnittliche Steigung von 13% hinauf zum **Anninger Schutzhaus**.

Weiter auf den Gipfel des Anninger und die **Wilhelmswarte**, der nach rund einem Kilometer erreicht ist.

Tipp: Von der Warte bietet sich eine überwältigende Aussicht auf das Wiener Becken, Gumpoldskirchen, Pfaffstätten und Baden.

Vom Gipfel kehren Sie auf dem gleichen Weg den Sie gekommen sind zurück ~ an der Weggabelung knapp 500 Meter nach der Krausten Linde nach links ~ auf der **Kientalstraße** bis zur Bundesstraße 11 in Hinterbrühl hinunterfahren.

Mit Vorsicht die Straße queren ~ dann auf der Hauptstraße Richtung Zentrum nach 500 Metern rechts ab ~ gleich darauf nach links in die **Parkstraße** einschwenken ~ auf dieser durch Hinterbrühl.

Hinterbrühl
PLZ: 2371; Vorwahl: 02236

i Gemeindeamt, ✆ 26249

✱ **Seegrotte,** ✆ 26364, ÖZ: Mai bis Okt., 8.30-17 Uhr, Nov. bis April, 9-15.30 Uhr. Das ehemalige Gipsbergwerk ist heute als Schaubergwerk eingerichtet. Den Besuchern bietet sich die Möglichkeit einer Bootsfahrt auf Europas größtem unterirdischen See zu unternehmen. Während des zweiten Weltkrieges dienten einige Etagen der Seegrotte als Versteck für geheime Rüstungs- und Flugzeugproduktionen.

Entlang der Verlängerung der **Parkstraße** zur Vorrangstraße.

Tipp: Linker Hand befindet sich der Ein-

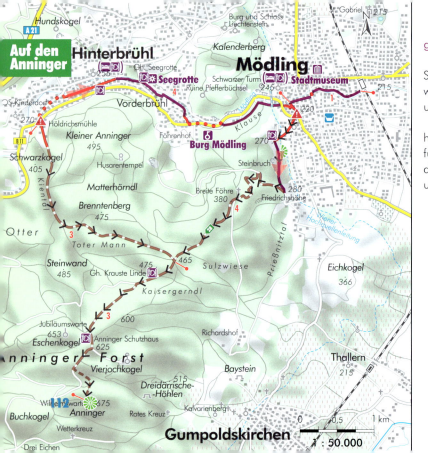

gang zur Seegrotte und das gleichnamige Gasthaus.

Die Tour führt geradeaus auf dem Rad- und Fußweg weiter – die Schilder mit der Aufschrift Radroute, die sich an jeder Ecke befinden, weisen den Weg – nach passieren der Tennisanlage des BMTC Mödling und einer Wohnsiedlung geht es wieder auf die Bundesstraße 11.

400 Meter entlang der verkehrsreichen Straße – bei erster Gelegenheit nach rechts über den Steg – ein asphaltierter Rad- und Fußweg führt dann idyllisch durch die Mödlinger Klause – hinter dem Viadukt der Wiener Hochquellenwasserleitung die Bundesstraße unterqueren und entlang des Baches ins Zentrum von **Mödling** radeln.

Tour 28 Um die Lindkogel   31 km

Länge: 31 km
Start und Ziel: Bahnhof Bad Vöslau
Wegbeschaffenheit: 23 km unbefestigte Forst- und Wanderwege, 8 km Asphaltstrecken

Höhenunterschied: 870 Meter
Verkehr: Bad Vöslau
Hinweis: einige Kondition notwendig; Anfahrt mit dem Rad über RadwanderwegSüd (Tour 20)

Bad Vöslau   (Stadtplan S.93)
PLZ: 2540; Vorwahl: 02252
- Informationsbüro, Schlosspl., ✆ 70743
- Stadtmuseum mit Weinmuseum, ÖZ: Mai-Sept., Do 16-19 Uhr, So 9-12 Uhr.
- Schloss Vöslau, Schlosspl. Das ehemalige Wasserschloss ist heute als Rathaus im frühklassizistischen Stil zu besichtigen.

Vom Bahnhof quer durch den Ort über die **Castelligasse**, **Geymüllergasse** und **Nägelistraße** zur **Waldandachtsstraße** — auf dieser geradeaus zur Waldandacht wo die **Gratentalstraße** beginnt —

nach 2 Kilometern an der Weggabelung dem Wanderweg zur Vöslauer Hütte folgen.
Tipp: Bevor Sie die Hütte erreichen sollten Sie dem **Jubiläumskreuz** einen Besuch abstatten. Von dort haben Sie eine herrliche Aussicht Richtung Schneeberg.
Von der **Vöslauer Hütte** ein kurzes Stück den bekannten Weg zurück — dann nach links durch den **Hohlweg** hinunter ins Manhartstal auf der **Manhartstalstraße**

bis zum **Rastplatz Brezelbuche** — hier der mittleren Forststraße geradeaus folgen — 900 Meter später nach rechts in den Hohlweg zum **Hohen Lindkogel** (durchschnittliche Steigung 24%!) einschwenken.

Manhartstal

Hoher Lindkogel
Vom Hohen Lindkogel zurück zum Rastplatz Brezelbuche — durch den Kalkgraben zum **Haidlhof** — knapp 1,5 Kilometer weiter im spitzen Winkel nach links — durch das Manhartstal und über den Wanderweg wieder ins **Gratental** — hier weiter taleinwärts — sehr steil hinauf zum **Schneebergblick** — auf der **Brunntalstraße** hinunter nach **Sooß** — an der Kreuzung vor dem Ortskern nach rechts — durch die Weingärten und über die Waldandachtsstraße wieder zurück nach **Bad Vöslau**.

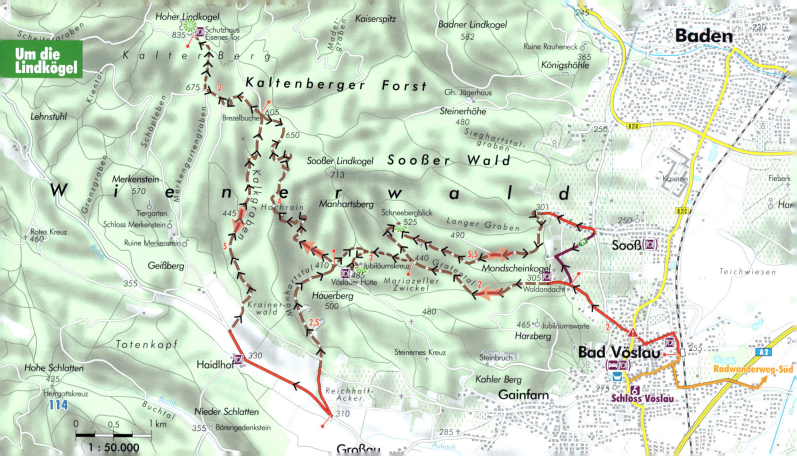

Tour 29 Auf den Schöpfl   27 km

Länge: 27 km
Start und Ziel: Klausen-Leopoldsdorf
Wegbeschaffenheit: 18 km unbefestigte Forststraßen, 9 km Asphaltstrecken
Höhenunterschied: 745 Meter
Verkehr: keine Beeinträchtigungen
Hinweis: einige Kondition notwendig;
Auto: Anfahrt über A 21 Ausfahrt Alland

Am Schöpfl

Klausen-Leopoldsdorf
Vom Ortszentrum auf der ruhigen Nebenstraße über **Lammerau** nach **Schöpflgitter** ~ hinter dem Gasthof nach links ~ nach gut 200 Metern beginnt die **Schöpflstraße** ~ auf dieser durch den Kleinmariazeller Forst zum **Schöpfl**, mit 893 Meter die höchste Erhebung des Wienerwalds.

Tipp: Von der naheliegenden **Matraswarte** haben Sie eine überwältigende Rundsicht vom Jauerling über den Manhartsberg, das Leithagebirge, den Schneeberg und die Rax bis hin zum Hochschwab und dem Ötscher.

Schöpfl
Vom Schöpfl-Schutzhaus rund 1,5 Kilometer den gleichen Weg zurück den Sie gekommen sind ~ dann zweigt im spitzen Winkel nach rechts die **Mitterschöpflstraße** ab hinunter ins Riesenbachtal ~ 1,5 Kilometer auf der idyllischen Landstraße Richtung St. Corona ~ beim Parkplatz nach links ~ die kurvenreichen **Geldbucken-** und **Hollergrabenstraße** um den Hirschenstein, den Großen Hollerberg und die Eigerin wieder hinunter ins **Riesenbachtal** ~ über Riesenbach, Schöpflgitter und Lammerau zurück nach **Klausen-Leopoldsdorf.**

Schöpfl-Schutzhaus

Ortsindex

A
Adletzberg	44
Ahrenberg	42
Atzenbrugg	44
Auersthal	60

B
Bad Deutsch Altenburg	71, 76, 77
Bad Vöslau	113
Biedermannsdorf	89
Bisamberg	56, 58
Breitenbrunn	86
Breitenfurt	106

D
Donnerskirchen	86
Dörfles	62
Dürnstein	27

E
Eckartsau	66
Edelstal	76
Eggendorf	44
Engelhartstetten	70

F
Förthof	28

G
Gablitz	104
Gänserndorf	60, 64
Gars am Kamp	34
Grafenegg	30
Greifenstein	18
Guntramsdorf	90

H
Hadersdorf	30
Hadersfeld	96
Hagenbrunn	58
Hainburg	68, 71, 74
Hasendorf	44
Heiligeneich	44
Hinterbrühl	111
Höflein	20
Hollenburg	14
Hütteldorf	44

I
Irenental	105

J
Joching	26
Jois	85
Judenau	44, 48

K
Kaltenleutgeben	108
Klausen-Leopoldsdorf	115
Klein-Engersdorf	58
Kleinschönbichl	14
Klosterneuburg	22, 95
Krems	10, 28, 30
Kritzendorf	20
Kronau	16

L
Lammerau	115
Langenlebarn	18
Langenlois	32
Langenschönbichl	16
Langenzersdorf	56, 58
Laxenburg	89, 92, 93

M
Maria Gugging	96
Matzen	60
Mauerbach	98
Michelhausen	44
Mödling	110

N
Neusiedl am See	80, 82

O
Oberretzbach	54
Obersiebenbrunn	64
Orth an der Donau	66, 67

P
Parndorf	78
Petronell - Carnuntum	72
Pischelsdorf	16
Podersdorf am See	84
Potzneusiedl	78
Prellenkirchen	76
Prottes	61
Purbach	86, 88
Purkersdorf	102

R
Reidling	42
Rekawinkel	106
Retz	54
Riesenbach	115
Rohrau	78
Rust	44

S
Schlosshof	69
Schönberg am Kamp	34
Schöpflgitter	115
Sitzenberg	42
Sophienalpe	100
Spitz a. d. Donau	24
St. Michael	26
Stein	28
Stopfenreuth	67, 70
Strebersdorf	59
Sulz im Wienerwald	108

T
Traismauer	36, 38, 39, 40, 42
Tulln	16, 46, 50, 52

U
Ulrichskirchen	56
Unterloiben	28
Unterretzbach	54

V
Vösendorf	89

W
Watzendorf	44
Weidling	95
Weinzierl	44
Weissenkirchen	26
Winden am See	85
Wolfsthal	74
Wösendorf	26

Z
Zwentendorf	14

Notizen

Notizen